复旦卓越·21世纪管理学系列

3D物流管理模拟实训教程

戴敏华 编著

MANAGEMENT

复旦大学出版社

为了满足物流管理专业培养目标的需要,适合开放大学的教学特点,满足学生提高动手能力的需求,同时又要符合开放大学的教学规律,解决无法实施大规模实地社会实践的具体问题,我们引进了广州易胜科技信息有限公司的3D物流管理系统软件。这个软件系统充分利用计算机仿真技术,以覆盖全部教学设计内容的现代化、先进程度高、具有代表性的企业(工厂、工地、部门、园区等)为基础背景,以突出教学、训练特征的理想的现场教学环境为目标,重点建设高仿真、高交互、智能化,可以实现3D漫游,具有单人独立操作、多人独立操作、联合操作及对关键设施设备实施拆装、解体、检测、维护功能的积式结构、网络传输的大型计算机虚拟仿真实训,为实训课程找到了一个全新的场所——虚拟模拟场所,这是一项具有实践价值的创新,相信会为我们的教学活动带来更大的帮助。

本书由广州易胜科技信息有限公司戴敏华编写,同时得到公司相关人员的大力支持,特此表示感谢!另外,上海开放大学张书源副教授对内容编写、框架设计做了大量工作,在此一并感谢。由于编写时间仓促,内容可能会有疏漏,敬请谅解。

作　者

2015 年 4 月

目录

第一章 3D运输平台教学模拟实训子系统概述 ········· 1
- 第一节 运输基础知识 ········· 1
- 第二节 背景与目标 ········· 5
- 第三节 3D运输模拟实训系统 ········· 8
- 第四节 干线运输实训 ········· 18

第二章 3D仓储与配送平台教学模拟子系统概述 ········· 34
- 第一节 系统背景与目标 ········· 34
- 第二节 系统功能介绍 ········· 41
- 第三节 仓储实训 ········· 51

第三章 3D运输国际货代平台教学模拟实训子系统概述 ········· 77
- 第一节 国际货代基础知识 ········· 77
- 第二节 保险出口基础知识 ········· 83
- 第三节 出口报关实训 ········· 88
- 第四节 进口报关 ········· 105

第四章 3D连锁经营教学子系统概述 ········· 127
- 第一节 系统背景与目标 ········· 127
- 第二节 系统功能介绍 ········· 132
- 第三节 连锁超市实训 ········· 143

第一章 3D运输平台教学模拟实训子系统概述

学习目标

了解3D运输模拟实训系统业务流程及系统软件的功能，熟悉本系统的岗位角色及岗位任务；掌握不同角色的登录及切换，熟悉本系统中各菜单的功能。

第一节 运输基础知识

一、运输的含义

运输，指通过运输工具和方法使货物在生产地与消费地之间或者是物流据点之间流动。

今日运输将愈趋自由化，使托运人（shippers）可选择的运输服务内容更多、更好、更经济。

促成自由化的主要因素为：

（1）国内及国际运输经济管制的解除；

（2）国际化；

（3）科技进展——整合性科技，尤其是信息与通信之整合。

二、运输的功能

运输在物流作业上提供两项主要功能：

（1）物品的移运。

① 时间资源；

② 财务资源；

③ 环境资源。

（2）物品的储存。运输的次要功能是可提供暂时的储存。运输可以解决物资生产与消费的地域不同步性的矛盾。

三、运输管理与营运的指导原则

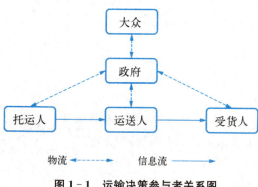

图1-1 运输决策参与者关系图

从事运输管理与营运时有两项重要的原则：

（1）规模经济（economy of scale）：当货件量增加时，单位重量的运输成本会降低的特性。

（2）距离经济（economy of distance）：单位距离运输成本会随距离增加而减少的特性。

运输决策的参与者如图1-1所示。

四、运输基础结构

运输基础结构包含以下内容：

（1）路、航权（rights-of-way）；

（2）运具（vehicles）；

（3）运输机构（carrier organization）。

运送人的分类：

（1）公用运送人；

（2）契约运送人；

（3）自有运送人；

（4）免管制运送人。

五、运输模式

运输模式包括以下几种：

（1）铁路；

（2）公路；

（3）水路；

（4）航空；

（5）管道运输。

六、运输管理

欲做好运输管理工作，首先须对运输产业的经济特性有所了解，进而了解企业运输管理的重心所在。

运输经济与定价涵盖下列三项主题：

（1）影响运输经济的因素。具体包括：

① 距离；

② 载重量；

③ 密度；

④ 装填性；

⑤ 搬运；

⑥ 产品责任；

⑦ 市场因素。

（2）运输成本结构。具体包括：

① 变动成本；

② 固定成本；

③ 联合成本；

④ 共同成本。

（3）运输定价策略。具体包括：

① 服务成本策略；

② 服务价值策略；

③ 混合策略。

七、运输决策

运输决策乃在善用企业运输相关信息，并经由训练有素人员的分析，做出合宜的运输决策。

运输文件：

（1）货物提单；

（2）货运账单；

（3）货运舱单或主提单。

通常,货运部门的工作影响企业很大比例的物流成本,可能超过一半。因此,货运部门工作的优劣对企业物流作业与策略有很大的影响。

货运部门的主要责任有:

(1) 运费行政;

(2) 求偿行政;

(3) 货运账单审计;

(4) 设备与人员排班;

(5) 费率协定;

(6) 运输研究;

(7) 追踪与催运。

八、常见的运输研究

常见的运输研究包括以下方面内容:

(1) 运送人整合;

(2) 运送人评估,包括成本、在途时间长度、在途时间可靠度、能力、可及性、保全能力等方面;

(3) 运送人评估程序;

(4) 运输服务整合。

九、国内货物运输概况

目前国内货物运输主要由公路汽车货运担负。从物流实体流程可将相关的行业约略归纳成下列八类:

(1) 航空货运承揽业;

(2) 汽车货运业;

(3) 路线货运业;

(4) 快递货运业;

(5) 货柜货运(整柜、船边);

(6) 物流中心;

(7) 农产运输;

(8) 私有车队。

第二节 背景与目标

物流业已经成为21世纪我国经济发展的重要产业。运输是国民经济的命脉,任何跨越空间的物质实体的流动,都可称为运输。在物流体系的所有动态功能中,运输功能是核心。运输功能所实现的是物质实体由供应地点向需求地点的移动。通俗一点说,运输功能的发挥,解决了需要的东西不在身边这一问题。同样,运输功能既是物质实体有用性得以实现的媒介,也是新的价值——某种形式的异地差值的创造过程。从社会经济的角度讲,运输功能的发挥,缩小了物质交流的空间,扩大了社会经济活动的范围并实现在此范围内价值的平均化、合理化。

一、问题的切入

传统的教学方法,不同程度地存在重知识、轻能力素质培养,重理论教学、轻实践教学的弊端,其具体表现、后果以及解决的突破口如图1-2所示。

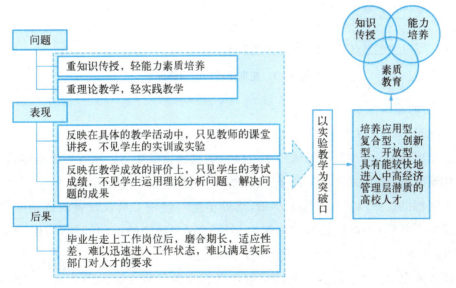

图1-2 传统教学方法存在问题分析

二、问题的解决

通过3D运输模拟实训系统,让物流专业的学生通过模拟现实的环境中反复实训。对现实运输企业的各种类型,学生可以通过完整的校内实训体系,以角色扮演的方式,获得宝贵的上岗经验,毕业后能迅速胜任现实运输类物流企业的各个岗位。

三、教学目标

在实训过程中,应着力抓好实验实践教学的重要环节,如图1-3所示。

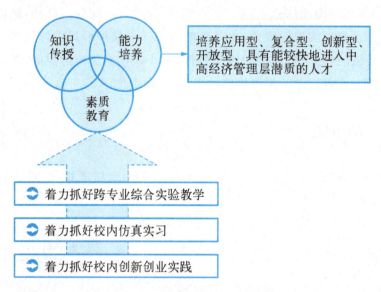

图1-3 实训课程中的重要环节

1. 实训课程性质与任务

运输是物流的两大基本功能之一,是物流空间功能的体现。据资料统计,运输成本占物流成本的1/3—2/3,运输效率直接反映物流管理能力。做好物流运输管理,对提高物流效率、降低物流成本起着至关重要的作用。

本课程的任务以实践操作为基础,培养学生对运输工具及设备的选用能力。该课程借助于数学、计算机等技术来解决运输过程中碰到的不同问题,为培养面向基层、面向业务第一线的实用型高等专门人才服务。

课程的主要任务:使学生正确理解和掌握运输管理方面的基本理论,提高学生对运输管理业务理论知识的运用能力;培养学生的实际操作能力,能在以后的工作中尽快地适应工作需求。

2. 实训课程教学目标

本课程采用任务驱动式教学法,在使学生掌握运输业务相关知识的基础上培养学生的实际训练能力及职业素质。

（1）能力目标，包括：

① 能够进行运输客户接洽、运输业务受理、缮制运输单据。

② 能根据运输需求选择运输方式、运输工具、运输线路。

③ 能进行零担货物配载，设计装车方案。

④ 能够熟练操作运输管理软件。

⑤ 能够进行运输线路优化。

⑥ 能计算运输费用。

⑦ 能进行运输客户调查，拟定运输合同。

⑧ 能够进行鲜活易腐货物运输、危险货物运输、大型物件运输的关键环节分析。

（2）知识目标，包括：

① 掌握运输流程知识。

② 了解不同运输方式的主要技术经济特征。

③ 掌握运输工具、装卸搬运设备技术参数及使用特点。

④ 了解货物特性知识。

⑤ 了解运输成本与运价知识。

⑥ 了解运输合理化知识，掌握运输优化的原理和方法。

⑦ 掌握运输软件结构及功能。

⑧ 掌握运输市场调查方法，掌握运输合同知识。

（3）素质目标，包括：

① 具有与客户交流、沟通方面的基本素质。

② 具有语言和文字表达方面的基本素质。

③ 具有团队合作意识。

④ 具有良好的职业素养。

⑤ 具有成本意识、竞争意识。

⑥ 具有应用现代化信息技术的素质。

⑦ 具有自学、判断和创造性思维的基本素质。

⑧ 具有解决问题的能力。

3. 实训特点

（1）颠覆传统，师生角色对换，学生行为主导，自主策划并完成任务；教师引导辅助、评价学生的执行过程和结果。提高学生的参与热情高及主动性。

（2）学习的内容是工作，课程采用任务驱动、流程模拟、使工作岗位职责明确，变先学后练为边做边学，使学生通过工作实现学习，实操技能得到较快提高。

(3)对每一任务的执行情况进行考核,加强了授课中的过程监控,真正达到考核的目的。

第三节 3D运输模拟实训系统

一、系统设计原则

1. 实训环境真实,物流要素齐全

提供现实中各类物流企业的真实运作环境,包括由真实写字楼、部门经理办公室、真实配送中心、区域配送中心、制造工厂、百货超市、收货、配送网点,以及真实城市、大街、公路货运场、铁路货场、航空货运大楼、港口码头等众多场景。

2. 实训手段丰富,物流设备完善

所涉及的物流设备设施包括绝大部分当前企业正在使用的,如各种运输车辆、集卡、恒温车、危险品车等众多设备,为学生提供了丰富而齐全的手段。

3. 真实企业流程,实训材料实际

所有的实训场景要求以现实物流企业的管理流程为核心设置,各个子系统的实训流程须参考众多国内外业务规范、行业内的领头企业的业务模式进行设计。同时,配套提供详细的实训指导书、企业原始表单、报表、企业实际运作VCD、组织结构图等众多材料,以确保深入理解现实企业的真实流程。

4. 界面操作简易,知识趣味一体

采用业界最流行的游戏操作界面,融知识性与趣味性为一体,让学生在类似游戏的轻松操作中,迅速理解并掌握现实各种类型物流企业的管理流程、运作模式。在操作方式上,通过上下左右四个箭头,即使初学者也极易操作与控制。另外,还提供第一人、第三人称等多种视角,使学生更好地体会到现实企业各种操作的真实感受。整个系统使用极为方便,又富趣味性。

5. 实训效果易评,考核成绩详准

为教师提供一套完整的考核体系,其考核原理借鉴现实物流企业的模式进行。各个系统的考核方法充分借鉴了现实物流企业的管理方法,如出入库方法、盘点方法、线路安排、车辆调度、车辆配载等等。考核成绩相对客观,同时也增加了学生的动力,以及同学相互之间竞争的趣味性。

二、业务流程图（图1-4）

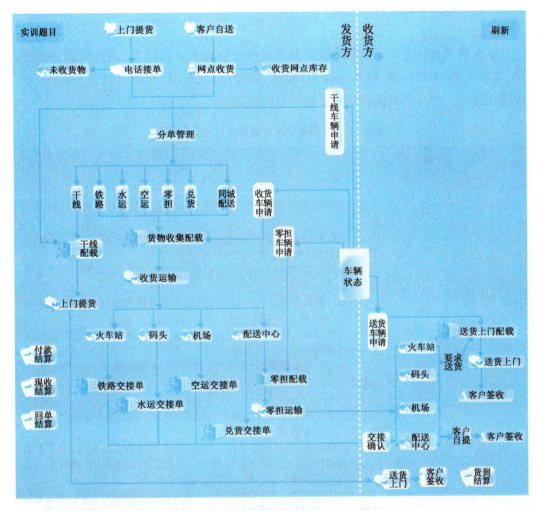

图1-4　3D运输模拟实训业务流程图

三、业务流程描述

收货方式有两种：一种为客户自送，一种为上门提货。

（1）客户自送：收货点主管接单→调度经理分单→A点调度员申请长途车→A点配载→长途运输→{B点调度员申请车→B点配载→送货上门}/→收货点主管提货单→客户自提货

（2）上门收货：客服文员接单→调度经理分单→A点调度员申请短途车→货物

收集→A点调度员申请长途车→A点配载→长途运输→{B点调度员申请车→B点配载→送货上门}/→收货点主管提货单→客户自提货

四、岗位角色任务列表

学生能通过3D交互形式模拟至少下述各企业角色：总经理、销售代表、销售经理、客服文员、客服经理、财务会计、订舱员、调度员、配载员、车辆管理员、调度经理、收货点主管。各角色的岗位职责如表1-1所示。

表1-1 3D运输模拟实训岗位角色任务列表

序号	角色部门	角色岗位名称	岗 位 职 责
1	总经理	总经理	总经理是公司的最高负责人，行使公司最高决策权。总经理主要履行以下职责： (1) 执行董事会决议，主持全面工作，拟订和组织实施公司发展规划、年度经营计划，负责完成责任目标和年度计划。 (2) 全面负责、主持公司的日常经营、行政和业务活动，努力营造良好的公司内外部环境。 (3) 拟订公司的基本管理制度和制定公司具体规章，负责各项制度落实，严格纪律，树立正气。 (4) 聘任、解聘、调配公司副总经理及各阶层工作人员；拟订和组织实施公司内部管理机构设置方案。 (5) 对公司重大投资、经营活动正确决策，认真领导，杜绝重大事故、失误发生。
2	销售部	销售代表	销售代表就是代表企业进行产品销售的销售人员，简单地说就是销售员。岗位职责要求如下： (1) 项目前期(项目准备工作)：服从销售部整体工作安排，接受专案组人员编排决定；按时参加销售部或公司组织的案前培训，积极参与实地观测与市场调查；迅速适应环境并开展日常工作。 (2) 项目销售期：完成计划销售任务，发挥工作能动性，自主地克服困难完成各阶段及总体项目销售任务，注意销售数量与质量之间的关系，追求销售量高质优的目标；销售代表应对累积潜在客户进行随时跟踪回访，争取有效客户，促进销售。销售代表有责任对已成交客户进行售后服务工作，根据客户订购条款内容、特殊情况与专案组其他成员共同完成合同签订、催款、特殊事项协调等售后收尾工作，并确保工作的时效与质量。 (3) 项目收尾期：进行客户遗留问题处理，完成项目销售个人总结。
		销售经理	企业一线销售管理的负责人，肩负着客户管理的信任与重托，履行着企业营销系统执行的职责，肩负着经营与管理的双重使命。岗位工作职责： (1) 销售计划、组织与客户管理，制订营销工作方针、政策，提供公司内部营销管理改进方案并贯彻实施。

(续表)

序号	角色部门	角色岗位名称	岗 位 职 责
2	销售部	销售经理	（2）组织市场调研，收集有关市场信息，分析内、外环境，确定目标市场，收集分析竞争对象信息，制订公司竞争策略并组织实施。 （3）组织产品的定位及开发维持、开拓销售渠道，不断扩大市场份额；维护与关键客户的联系，参与重大业务洽谈，解决业务拓展中的重大问题；指导建立完善的售后服务。 （4）销售活动、售后服务指导及抱怨处理。
3	客服部	客服文员	（1）负责公司客户信息的管理，包括客户各项信息数据录入的及时性、准确性、真实性。 （2）客户数据的定期备份。 （3）客户定期的回访及处理日常客户投诉问题，对客户所提的意见及建议进行反馈，并进行跟踪处理，日常客户问题的收集分析。 （4）接听客户来电，回复后台问题，回复客户邮件。 （5）运输业务接单与回单管理，负责公司客户资料、公司文件等资料的管理、归类、整理、建档和保管工作。
3	客服部	客服经理	（1）维持良好的服务秩序，提供优质的顾客服务，做好客户与公司沟通的桥梁。 （2）确保部门所有人员执行公司的礼仪礼貌的服务标准，树立良好的外部形象。 （3）确保本部门积极配合营销部门开展工作。 （4）建立并维护公司客服服务体系，建立客户信息管理系统，客户服务档案、跟踪和反馈。 （5）制订客户服务人员培训计划并组织实施，考核部门下属并协助制订和实施绩效改善计划。 （6）受理客户投诉。
4	财务部	财务会计	（1）认真学习会计知识、法规，及时掌握最新财会政策法规，及时准确地提供各种会计信息。 （2）收集各种会计原始凭证，做好记账、算账、报账和财务分析工作，协助出纳做好各项收费工作的具体实施。 （3）做好职工福利、医疗保险、失业保险、住房公积金、工会经费的计提、转存工作，负责计财处的考勤及上报工作。 （4）负责管理各种会计档案、文书，财务专用章及法人财务印鉴的管理，负责各种收费票据的管理，包括按计划领取、保管、发放、清收、汇缴等工作。
5	运输部	订舱员	一笔单最重要的环节之一为订到舱位，订不到舱位就意味着这笔单无法完成，这就是订舱员工作的重要性。岗位职责： （1）处理空运、海运、铁路同行及外站的订舱询价，订舱，能和这些合作公司建立良好的合作关系。 （2）落实舱位的预配、接收审核订舱流程。

(续表)

序号	角色部门	角色岗位名称	岗 位 职 责
5	运输部	调度员	(1) 订单的受理和汇总工作。 (2) 负责对订单作计划,并根据计划进行调度工作。 (3) 负责对汇总后订单报销售部门。 (4) 负责对物资的合理安排调度。 (5) 负责物资运输调度工作。
		配载员	裁缝运用自己的妙手为每人都能量身定做一件合身的衣服,配载员有如裁缝,为承载的货物进行合理的安排,且安放在适当的位置,使空间得到最大限度的利用,为货物定做出合适的"衣服"。岗位职责: (1) 负责载重结算,计算运输工具中可以装运多少重量的货物以及货物装在什么位置,制定配载计划及车辆安排计划。 (2) 负责货物的收集管理。 (3) 负责有关重量分配、装载位置分配的其他工作。
		车辆管理员	(1) 负责公司车辆的养路费、车辆使用税和保险费缴交办理等工作。 (2) 负责安排公司车辆的保养、年审和二保工作,对公司审批权限内的车辆保修进行监督和安排车辆进厂修理。 (3) 负责每月召开公司驾驶员安全例会,及时发现和消除安全隐患,健全驾驶员安全技术档案,交通事故及机损事故记录,车辆行驶里程记录及维修档案,及时填写各类报表。 (4) 负责核实驾驶员报销费用,按照上级下达的车辆预算费用指标严格控制车辆使用费用。 (5) 负责调度车辆,安排驾驶员各项工作。
		调度经理	(1) 按公司相关规定,负责做好本部门的人、财、物的调配、考核和各项管理工作。 (2) 最佳运输方式的决策,负责制订、完善本部门的各项管理和服务制度,并组织落实、措施到位。 (3) 负责本部门工作人员的身体状况、业务能力和运营车辆状况的管理工作,确保安全运营。 (4) 按工作计划、契约完成下达的运输任务,定期征求用户意见,对提高服务质量、安全运营、完成工作任务负责。 (5) 负责计划组织、落实本部门的创收工作,按公司要求做到安全运营、服务到位、用户满意、创收增效、开拓发展。
		收货点主管	(1) 负责承运商的选择、管理与关系维护,运作质量管理及考核,有效控制运输成本。 (2) 根据客户订单,确定运输计划,全面负责车辆与货物运送的协调管理。 (3) 对城际运输商进行有效管理,保证运输质量,降低运输晚点率,并进行kpi指标考核。 (4) 监督发货和配送相关工作,追踪货物在途情况,统计分析相关数据,对重要信息及时上报,监督运输索赔及运输异常事件处理。 (5) 运输市场调查、分析,运输渠道的拓展、维护。

(续表)

序号	角色部门	角色岗位名称	岗 位 职 责
5	运输部	司机	（1）服从领导，听从指挥，按时完成领导交给的出车任务，未经允许不准出车。 （2）遵守交通规则，服从交通管理，安全行车，严防交通事故，按时办理各种行车手续，经常做好车辆的保养、维修工作，不丢失随车工具及附件，进厂维修要作预算，经批准才能维修。 （3）加强安全学习，努力钻研业务技术，严格遵守交通规则，保证行车安全。 （4）做好行车记录，节约开支。

五、系统登录界面

在系统选择界面，选择"运输管理系统"，如图1-5所示。

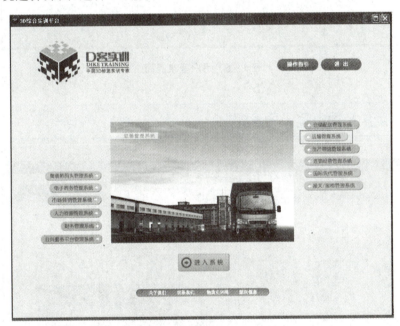

图1-5 选择系统界面

用户登录界面如图1-6所示。

在此输入学生登录的用户名、密码后，根据任务需要选择不同系统进入。

> 业务仿真系统

■ 按每个角色分任务，学生个人单独完成一个作业任务。除登录的角色外，其他角色为NPC（电脑角色）配合。

> 团队仿真系统

■ 按班级（团队）选择一个任务，一个团队共同协作完成一个任务。

图1-6 用户登录界面

六、用户及角色登录界面(图1-7—图1-10)

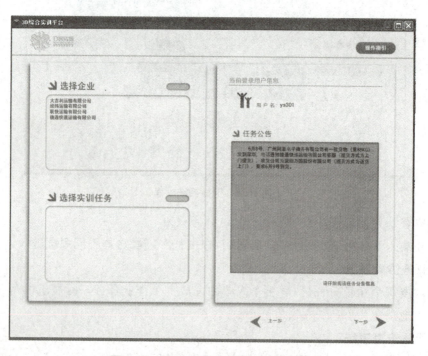

图1-7 "业务仿真系统"选择任务界面

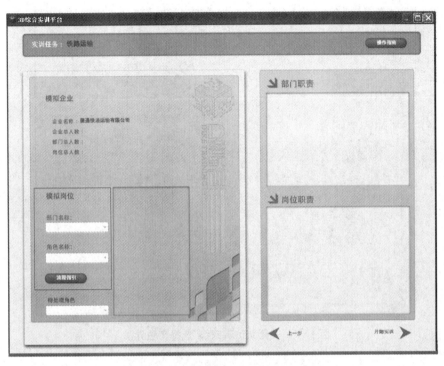

图 1-8 "业务仿真系统"选择角色界面

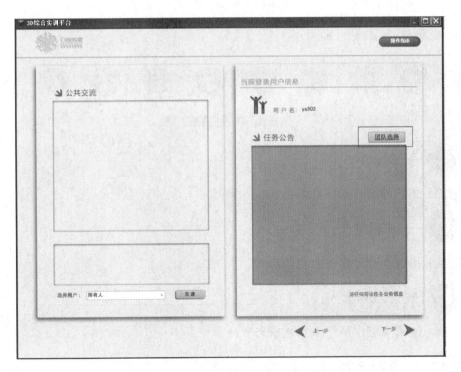

图 1-9 "团队仿真系统"选择团队界面

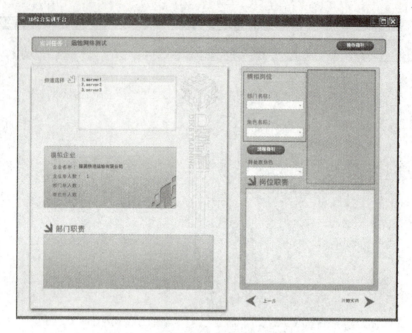

图1-10 "团队仿真系统"选择角色界面

七、菜单描述

1. 主菜单(如图1-11所示)

图1-11 主菜单

[实训中心]——实训中心

功能:角色的所有实训功能都在这个菜单中。

[流程指引]——流程指引

功能:指引作业过程中出现的流程。

[职场贴士]——职场贴士

功能:说明实训中所登录角色任务。

[操作日志]——操作日志

功能：记录查看用户的操作日志。

——帮助

功能：查看帮助文档。

——回到工作岗位

功能：单击此按钮对应角色将坐到工作岗位开始工作。

⬛区域跳转——区域跳转

功能：单击此按钮所对应角色将转换所处的地点。

⬛切换角色——切换角色

功能：单击此按钮转换所对应的角色。

⬛退出——退出

功能：返回到角色选择界面。

2. 其他菜单

➢待处理事项框（图1-12）

功能：显示最新公告和系统动态信息标题，双击标题即可查看相关信息。

➢信息框（图1-13）

功能：用户可在此输入信息相互交流。

➢地图（图1-14）

功能：查看大地图［点击 ▣ ］，放大、缩小地图［点击 ▣ ▣ ］。

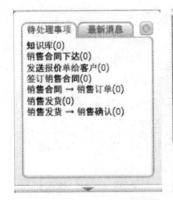

图1-12 待处理事项框

图1-13 信息框

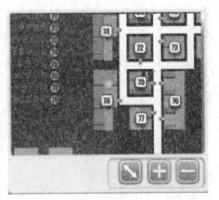

图1-14 地图

第四节 干线运输实训

一、实训要求

本次实训的要求如下:
(1) 了解公路运输成本的构成及控制方法;
(2) 熟练各类单据的缮制;
(3) 掌握公路运输方式的作业操作流程并分析其主要特征;
(4) 了解公路运输的优缺点和适用范围。

二、实训内容

请根据案例背景完成系统中的托运单资料,模拟完成:
(1) 托运单的录入、运输方式的选择及审核;
(2) 运输车辆的申请、货物的配载;
(3) 货物的送达及运输成本的核算。

托运单信息举例

6月8号,蓝岳集团有限公司有一批货物(普通货物,重8 000千克、体积21立方米)发到深圳,电话通知捷通快递运输有限公司客服上门提货,收货公司为深圳万国股份有限公司,提货方式为送货上门,要求36个小时内到达。根据托运单信息,捷通快递运输公司根据承运货物的体积、重量、目的地、类别,进行了成本核算,得出结果使用干线运输进行承运最为划算。托运单如下:

托运单号:	GX0000001	托运日期:	以实训日期为准		
委托方:	蓝岳集团有限公司	联系人:	吴志强		
地址:	广州市黄埔区黄埔东路	联系电话	020-82230025		
收货方:	深圳万国股份有限公司	联系人:	李亚文		
地址:	深圳市福田区深南中路	联系电话	0755-85768241		
收货网点:	捷通黄埔点	提货方式:	上门提货	送货方式	送货上门
保险金额:	不买保险	付款方式:	现收	要求到达时间:	2天内
货物信息					
货物名称	包装形式	件数	重量(吨)	长(cm)	宽(cm)	高(cm)	体积(m³)
机械	泡沫	60	5	100	50	50	15
裁剪机	泡沫	20	3	100	50	60	6

费用标准如下：

发车网点	目的网点	运输方式	重量单价（元/吨）	体积单价（元/立方米）	最低价格（件/元）
广州	深圳	干线运输	60	12	75
广州	上海	干线运输	480	96	600
广州	北京	干线运输	920	184	1150

任务参与角色：

步骤	任务类别	执行角色
1	业务接单	客服文员（接货方式为"上门提货"时）
2	分单管理	调度经理
3	干线车辆申请	调度员
4	干线车辆配载	配载员
5	干线运输（收货及送货）	司机
6	运费结算	财务会计

三、实训指导

开始实训前的准备工作：填入用户名、密码，并选择实训类型：业务仿真系统，登录，进入任务选择界面，在此选择"捷通快递运输有限公司"→"实训2 干线运输"。

1. 步骤1：业务接单

（1）登录"客服部"→"客服文员"角色，点击 。

（2）双击 特处理事项 中的 电话接单(1)，弹出"单据"窗口（如图1-15所示），直接选中"单据"后，点击"OK"。

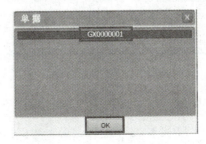

图1-15 业务单据选择窗口

(3) 弹出 **业务接单** 窗口(如图 1-16)。

图 1-16　业务单据填写窗口

(4) 根据同时弹出的任务中心(如图 1-17 所示),对相应信息(托运单号、货号、收货网点、目的网点等等)进行填写(如图 1-18 所示),填写完成后点击 ▭ ── ▭ 。

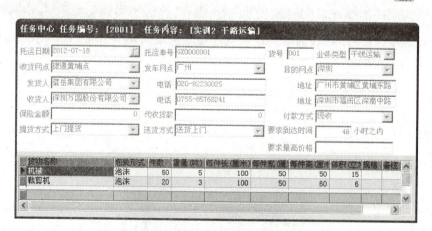

图 1-17　任务中心窗口

2. 步骤 2:业务分单审核

(1) 登录"调度中心"→"调度经理"角色,点击 ▭ 。

(2) 双击 **待处理事项** 中的 **分单管理(1)**,弹出 **分单管理** 窗口(如图 1-19 所示)。

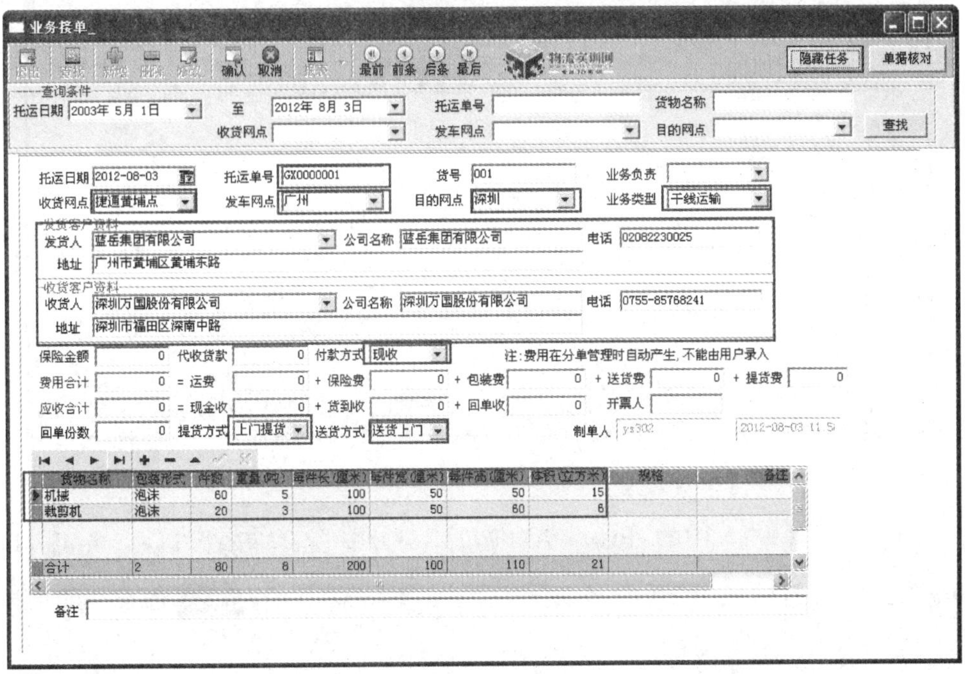

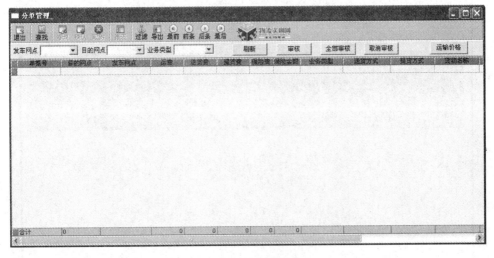

图1-18 业务接单窗口

图1-19 分单管理窗口

（3）点击刷新 刷新 ，选中单据后点击 审核 ，完成单据的审核（如图1-20所示）（单据颜色变成黑色）。

3. 步骤3：干线车辆申请

（1）登录"调度中心"→"调度员"角色，点击 。

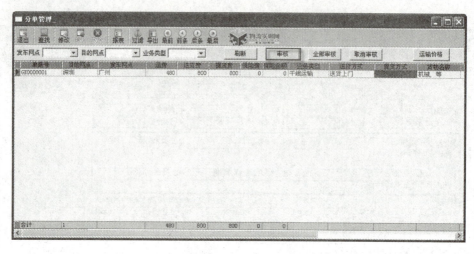

图 1-20 分单审核

（2）双击 特处理事项 中的 干线车辆申请(1)，弹出 车辆申请 窗口，点击 新增 ，选择"运输类型""发车网点"和"目的网点"（可点击 单据状态 —— 刷新 查看当前单据信息）后，点击 车辆选择 （如图 1-21 所示）。

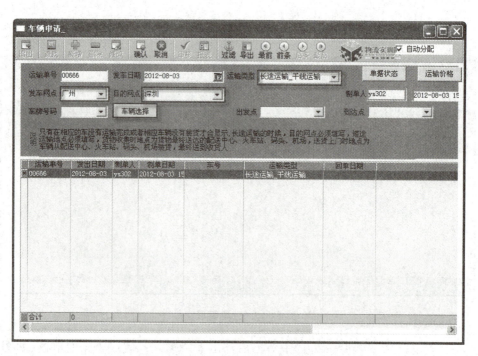

图 1-21 车辆申请窗口

（3）弹出 车辆选择 窗口（如图 1-22 所示），根据运输货物的总体积、重量，选中合适的车辆并双击它（干线运输属于长途运输）。

图 1－22 车辆选择窗口

（4）回到 车辆申请 窗口，点击 确认 —— 退出 完成车辆申请。

表内数据说明：

运输单号：系统自动生成，也可以手动输入

发车日期：什么时候发车

运输类型：选择 运输类型 长途运输_干线运输 （通过何种方式运输，与"业务类型"是相对应的）

地点： 配送中心
　　　 火车站 （中转地点是哪里，与"业务类型"是相对应的）
　　　 码头
　　　 机场

车辆选择：显示全部车辆所处状态（如图 1－23 所示）

图 1－23

单据状态：可通过 单据状态 按钮点击  查看需要申请车辆的托运单具体情况（如图 1－24 所示）

图 1-24

4. 步骤4：干线车辆配载

（1）登录"调度中心"→"配载员"角色，点击 。

（2）双击 待处理事项 中的 干线车辆配载(1)，弹出"单据"窗口（如图1-25所示），直接选中"单据"后，点击"OK"。

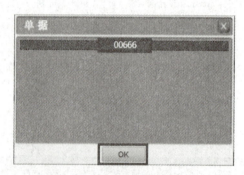

图 1-25 业务单据选择窗口

（3）弹出 干线配载 窗口（如图1-26所示）。

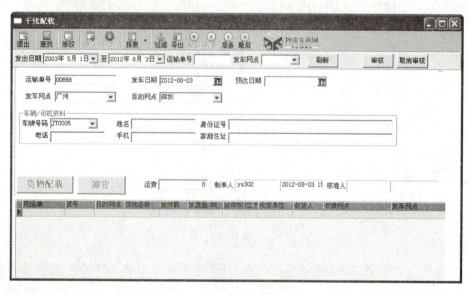

图 1-26 干线运输配载窗口

（4）点击 [修改] —— [货物配载]，弹出 [货物配载] 窗口（如图1-27所示），选中要配载的单据后，根据需要点击不同按键，这里点击 [单条-->]，然后点击 [退出]。

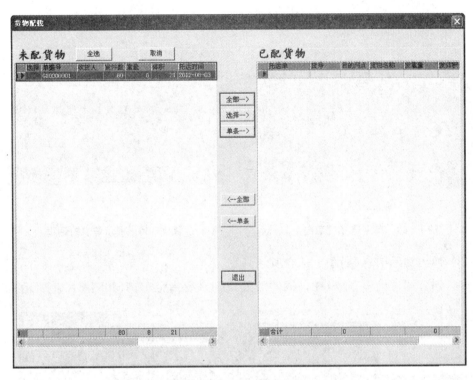

图1-27 货物配载窗口

（5）货物配载到车辆，点击 [确认] —— [审核] 完成配载（如图1-28所示）。

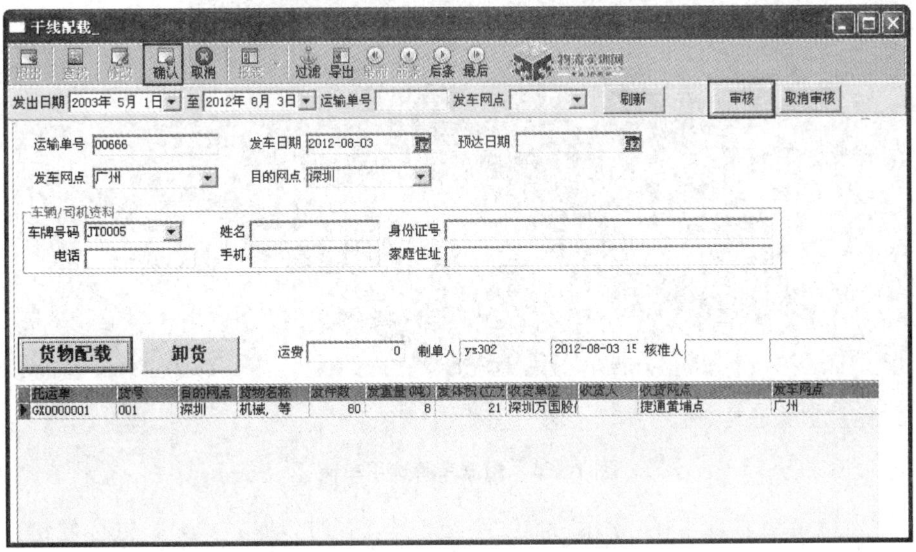

图1-28 干线运输配载"审核"窗口

5. 步骤5：干线司机运输

（1）登录"车队"→"司机"角色。

（2）双击 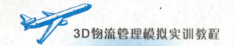 中的 干线司机运输(1)，弹出"单据"窗口（如图1-29所示），直接选中"单据"后，点击"OK"。

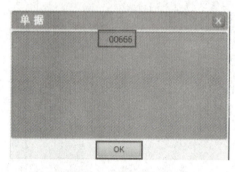

图1-29 单据选择对话框　　　　　图1-30 提示信息对话框

（3）弹出提示信息（如图1-30所示）。

（4）到公司外面停车场，在车辆停放处找到系统指定车辆（如图1-31所示）。

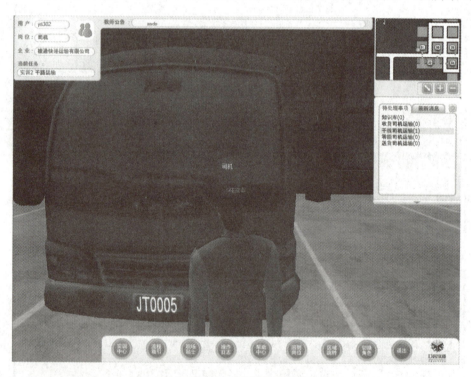

图1-31 根据车牌选用车辆

（5）当行走至靠近车辆，显示"红色字-五吨车辆"时，请按"Ctrl＋鼠标左键"弹出窗口菜单（如图1-32所示），点击 上车 。

图1-32 车辆各功能选项　　　　　图1-33 安检选项对话框

(6) 上车后,把车开到停车场"安检员"处停好,"Ctrl+鼠标左键"点击"安检员"弹出菜单(如图1-33所示),点击 。

(7) 弹出 **车辆安检管理** 窗口(如图1-34所示),点击 ,选中需要检测内容,点击 —— 提交。

图1-34 车辆安检管理

(8) 弹出提示信息(如图 1-35、图 1-36 所示)。

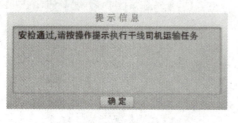

图 1-35　提示信息对话框

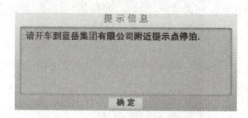

图 1-36　提示信息对话框

(9) "确定"后,弹出"托运单"(如图 1-37 所示)。

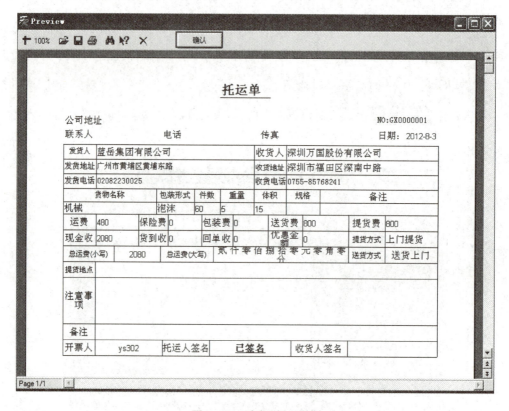

图 1-37　查阅"托运单"

(10) 查看内容,然后关闭"托运单",把车开到门卫处,"Ctrl+鼠标左键"点击"门卫检员"弹出菜单(如图 1-38 所示),点击 递交出入凭证 ,弹出"车辆放行条",关闭。

(11) 点击 区域索引 ,可搜索要到达的位置(如图 1-39 所示),双击要到达的取货点。

(12) 把车开到箭头提示的停放位置(如图 1-40 所示)。

图1-38 门卫出入放行对话框

图1-39 场所位置瞬移通道

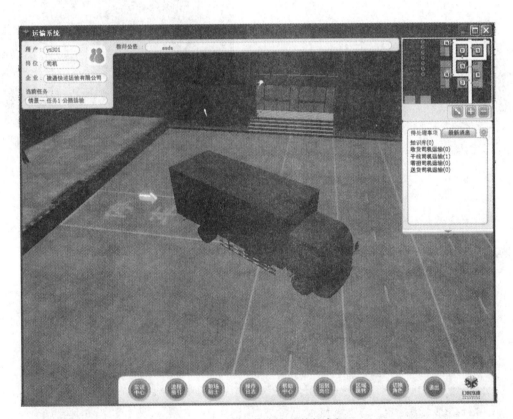

图1-40 根据停车方向停好车辆

(13) 车辆停泊好后,弹出提示信息(如图1-41所示)。

(14) 行走到车后门"Ctrl+鼠标左键"点击"车"弹出菜单(如图1-42所示),点击 开后门 。

(15) 后门打开后,弹出提示信息(如图1-43所示)。

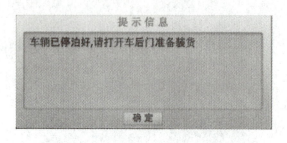

图 1-41 提示信息对话框

图 1-42 车辆各功能选项

图 1-43 提示信息对话框

图 1-44 司机与发货员交接

(16)"Ctrl+鼠标左键"点击"发货员(NPC)"(如图 1-44 所示)弹出菜单,点击 装货 ,系统自动装货。

(17)装货完成后,弹出提示信息(如图 1-45 所示)。

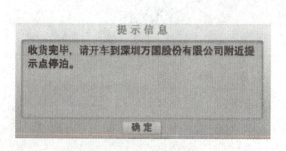

图 1-45 提示信息对话框

图 1-46 车辆各功能选项

(18) 确定提示后,"Ctrl+鼠标左键"点击"车辆"弹出菜单(如图 1-46 所示),点击 关后门 ,然后走到车门旁边"Ctrl+鼠标左键"调出菜单点击 上车 。

(19) 点击 区域跳转 ,可搜索要到达的位置(如图 1-47 所示),双击要到达的送货点。

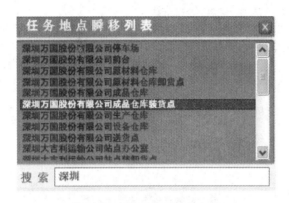

图 1-47 场所位置瞬移通道

(20) 到达送货点后,把车开到箭头提示的停放位置停放好车辆,弹出提示信息(如图 1-48 所示)。

图 1-48 提示信息对话框

(21) 到车后门,"Ctrl+鼠标左键"点击车弹出菜单,点击 开后门 ,后门打开后,会弹出提示信息(如图 1-49 所示)。

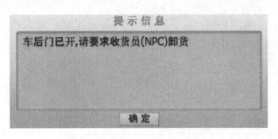

图 1-49 提示信息对话框

(22) "Ctrl+鼠标左键"点击"收货员 NPC"(如图 1-50 所示),弹出菜单(如图 1-51 所示),点击 卸货 。

图1-50 司机与收货员交接

图1-51 收货员选项对话框

（23）卸货完成后弹出提示信息（如图1-52所示）。

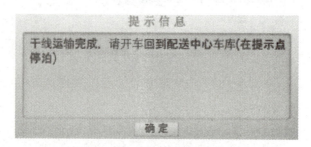

图1-52 提示信息对话框

（24）确定提示后，"Ctrl＋鼠标左键"点击"车辆"调出菜单，点击 关后门 ，然后走到车门旁边"Ctrl＋鼠标左键"点击"车辆"调出菜单点击 上车 。

（25）点击 区域统计 ，可搜索要到达的位置（如图1-53所示），双击公司停车场。

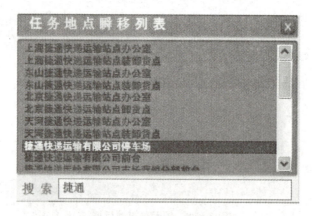

图1-53 场所位置瞬移通道

（26）把车开回公司停车场指定地点，车停好后，弹出提示信息（如图1-54所示）。

（27）完成干线运输流程操作。

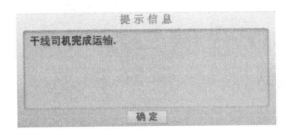

图 1-54 提示信息对话框

6. 步骤 6：收款结算

（1）登录"财务部"→"财务会计"角色。

（2）双击 待处理事项 中的 现收结算(1)，弹出"单据"窗口（如图 1-55 所示），直接选中"单据"后，点击"OK"。

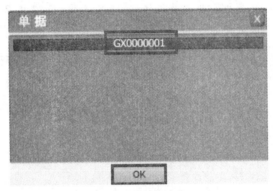

图 1-55 业务单据选择对话框

（3）弹出 客户结算 窗口（如图 1-56 所示）。

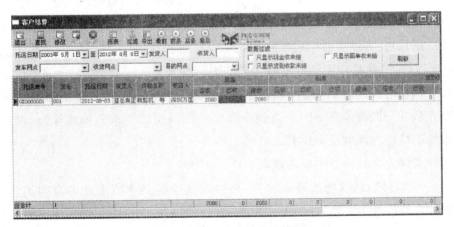

图 1-56 客户收款结算

（4）到刚才的单据（红色表示未结算，黑色表示已结算），点击"修改"按钮，输入已收金额（此单据为现收），存盘退出，完成客户结算。

第二章 3D仓储与配送平台教学模拟子系统概述

学习目标

认知仓储型物流企业主要业务类型和仓储业务流程,以及系统软件的功能,了解仓储型物流企业部门设置及岗位设置。了解系统中案例企业的背景;熟悉系统中所有实训设备;掌握不同角色的登录及切换,熟悉本系统中各菜单的功能。

第一节 系统背景与目标

一、系统设计背景

实训是实施实践教学环节的主要载体,是学生进行综合技能训练的主要场所。而解决目前实训教学方面存在的问题,必须以实践教学体系设计为突破,安排相应的实训内容,提高质量和学生的实践能力。为此,我们提出了3D教学模式,得到了业内人士的广泛认可。3D实训模式参照"工学结合"的教育理念,对学生的考核进行新的尝试:变以往的"注重知识结构考核"为"能力标准考核"。与相关的仓储与配送企业专家经过几轮的共同分析探讨,确立新的考核与教学体系,即:岗位要求→能力标准→培养目标→课程体系→职业技能→岗位应用→岗位要求。如此循环,使学生的学习始终围绕能力标准及岗位要求的核心展开。

这种实训方法的特点主要表现在:

(1) 实训环境真实,物流要素齐全,提供现实中各类物流企业的真实运作环境,融知识性与趣味性为一体,让学生在类似玩游戏的轻松操作中学到知识技能。

(2) 颠覆传统,师生角色对换,学生行为主导,自主策划并完成任务;教师引导辅助、评价学生的执行过程和结果,提高学生的参与热情及主动性。

(3) 学习的内容是工作,采用任务驱动、流程模拟,使工作岗位职责明确,变先学后练为边做边学,使学生通过工作实现学习,实操技能得到较快提高。

（4）对每一任务的执行情况进行考核,加强了授课中的过程监控,真正达到考核的目的。

二、系统设计原则

1. 实训环境真实,物流要素齐全

提供现实中各类物流企业的真实运作环境,包括真实写字楼、部门经理办公室、真实配送中心、现代化立体仓库、区域配送中心、制造工厂、百货超市、收货、配送网点,以及真实城市、大街等众多场景。

2. 实训手段丰富,物流设备完善

所涉及的物流设备设施包括绝大部分当前企业正在使用的各种仓储车辆、RFID无线射频系统、电子标签辅助拣货系统、重力托盘货架、轻型货架、AGV小车、全自动化料箱立库、无轨巷道堆垛系统等众多设备,为学生提供了丰富而齐全的手段。

3. 真实企业流程,实训材料实际

所有的实训场景要求以现实物流企业的管理流程为核心设置,各个子系统的实训流程须参考众多国内外业务规范、行业内的领头企业的业务模式进行设计。同时,配套提供详细的实训指导书、企业原始表单、报表、企业实际运作VCD、组织结构图等众多材料,以确保深入理解现实企业的真实流程。

4. 界面操作简易,知识趣味一体

采用业界最流行的游戏操作界面,融知识性与趣味性于一体,让学生在类似游戏的轻松操作中,迅速理解并掌握现实各种类型物流企业的管理流程、运作模式。在操作方式上,通过上下左右四个箭头,即使初学者也极易操作与控制。另外,还提供第一人、第三人称等多种视角,使学生更好地体会到现实企业各种操作的真实感受。整个系统使用极为方便,又富趣味性。

5. 实训效果易评,考核成绩详准

为教师提供一套完整的考核体系,其考核原理借鉴现实物流企业的模式。各个系统的考核方法充分借鉴了现实物流企业的管理方法,如出入库方法、盘点方法、线路安排、车辆调度、车辆配载等等。考核成绩相对客观,同时也增加了学生的动力,以及同学相互之间竞争的趣味性。

三、系统业务流程

仓储配送流程详见图2-1所示指引：

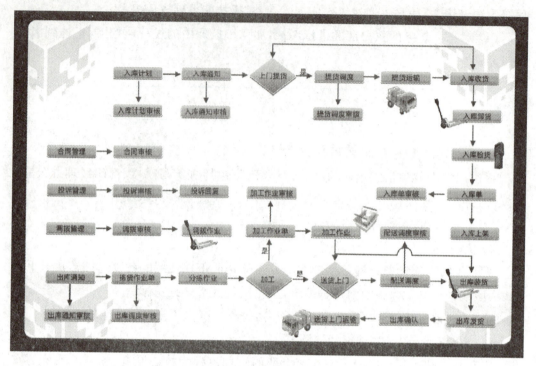

图 2-1 仓储配送流程指引

具体业务流程描述如下：

1. 仓储管理

仓储管理是指仓储单位利用其所具有的仓储资源进行的计划、组织、控制和协调过程，其中包括储存空间管理、物品管理、人事劳动、经营决策等一系列管理工作。

仓储管理主要完成以下几项任务：

(1) 以实现仓储经营的最终目标为原则设立组织管理机构。仓储管理机构应建立管理结构简单、分工明确的管理机构和员工队伍。一般设有：内部行政管理、设备管理、财务管理、安全管理、库场作业管理以及其他必要的机构。

(2) 以高效率、低成本为原则组织仓储作业。仓储作业应充分利用仓储设备、先进的仓储技术和有效的管理手段，以降低成本，保持连续、稳定的仓储作业。其具体范围包括货物入库、验收、维护保管、质量维护、安全防护、理货交接、出库等作业。

(3) 利用市场经济手段获得仓储资源的最优配置。仓储管理需要利用其自身在市场的优势吸收资源的投入，以获得效益的最大化。其具体任务包括根据市场供求关系确定仓储的建设、合理选择仓储地址、确定仓储功能及其设施配置、合理优化仓储布局等。

2. 配送管理

配送实际上是一个物品集散过程,包括集中、分类和散发三个步骤。这三个步骤由一系列配送作业环节组成,这些作业环节通常称为配送要素。配送的基本要素主要包括集货、拣选、配货、配装、配送运输、送达服务和配送加工等。

(1) 集货。集货是配送的首要环节,是将分散的、需要配送的物品集中起来,以便进行分拣和配货,有时需要把用户从几家甚至数十家供应商处预订的物品集中到一处。

(2) 拣选。将需要配送的物品从储位上拣取出来,配备齐全,并按配装和送货要求进行分类,送入指定发货地点堆放的作业。

(3) 配货。配货是将拣取分类完成的货品经过配货检查,装入容器和做好标记,再送到发货准备区,待装车后发送。

(4) 配装。配装也称为配载,指充分利用运输工具(如货车、轮船等)的载重量和容积,采用先进的装载方法,合理安排货物的装载。

(5) 配送运输。配送运输属于末端运输、支线运输。它比一般的运输形态距离短、规模小、频度高,一般使用汽车作为运输工具。配送运输的路线选择问题是一般干线运输所没有的。干线运输的干线是唯一的运输路线,而配送运输由于配送客户多、地点分散,一般集中在城市内或城郊且交通路线又较为复杂,存在空间和时间上的峰谷交替。如何组合最佳路线,如何使配装和路线选择有效搭配,成为配送运输的工作难点。

(6) 送达服务。要圆满地实现送到之货的移交,并有效、方便地处理相关手续并完成结算,还应当讲究卸货地点、卸货方式等。

(7) 配送加工。配送加工是流通加工的一种,是按照客户的要求所进行的流通加工。

四、教学目标

通过3D仓储与配送模拟实训系统,让物流专业的学生在学校,通过在模拟现实的环境中反复实训,对现实仓储企业的各种类型有所了解。学生以角色扮演的方式,借助完整的校内实训体系,获得宝贵的上岗经验,毕业后能迅速胜任现实仓储类物流企业的各个岗位。

(一) 实训课程性质与任务

1. 课程性质

"仓储管理与配送"是现代物流管理专业的一门重要的专业课,是研究物流仓储管理与配送的基本知识和实际操作的一门学科。该课程以实践操作为基础,借助于数学、计算机等技术来解决物流过程中仓储和配送的问题;旨在紧密结合我国物流业的发展和对物流人才的需要状况,系统地阐述仓储与配送管理的基本概念、基本理念、基本技术和方法,为培养面向基层、面向业务第一线的实用型高等专门人才服务。

2. 课程的主要任务

使学生正确理解和掌握仓储管理和配送业务方面的基本理论,提高学生对仓储管理和配送业务理论知识的运用能力;培养学生的实际操作能力,能在以后的工作中尽快地适应工作需求。

(二) 实训课程教学目标

本课程采用任务驱动式教学法,使学生掌握仓储配送知识、训练能力、培养素质。

1. 能力目标

(1) 具备超强的动手能力,熟练掌握3D仓储配送模拟实训软件的操作。

(2) 具备专业的物流管理能力,有效地组织各项物流活动并制订物流工作计划。

(3) 具备管理和操作各种现代先进物流技术与分析具体问题的基本能力。

(4) 熟悉软件的业务流程与相关单证的制作。

(5) 能计算仓储成本。

2. 知识目标

(1) 仓储的概念及功能;仓储的任务;仓储在物流管理中的地位。

(2) 仓库的功能和分类;仓库结构与布局;仓库设备。

(3) 仓库的入库、在库管理、出库、配送配载作业。

(4) 配送的概念和作用。

(5) 配送中心的功能;配送中心的基本作业。

(6) 分拣作业的流程和出货作业。

(7) 配送路线设计。

3. 素质目标

(1) 具有与客户交流、沟通方面的基本素质。

(2) 具有语言和文字表达方面的基本素质。

(3) 具有团队合作意识。

(4) 具有良好的职业素养。

(5) 具有成本意识、竞争意识。

(6) 具有应用现代化信息技术的素质。

(7) 具有自学、判断和创造性思维的基本素质。

(8) 具有解决问题的能力。

(三)实训课程教学内容

教学内容应培养学生岗位职业能力,满足企业实际工作任务所需知识、能力和素质要求。总共 27 学时(可根据课程实际情况调整),具体内容如表 2-1 所示。

表 2-1 仓储与配送实训课程教学内容

任务名称	实 训 目 的	学时
合同业务	(1) 了解客户开发的流程以及进行客户开发的方法,能够进行仓储客户接洽,能够与客户进行沟通、交流 (2) 学会制订销售计划 (3) 能熟练撰写仓储合同,熟悉合同签订的流程,掌握需签订合同的条款内容和格式	1
客户投诉处理	(1) 及时处理客户投诉并制订合理的解决方案 (2) 掌握投诉处理的原则、技巧和有效方法	1
入库作业——托盘货架区	(1) 能准确地表述仓储管理中入库作业的流程,说出并分析影响入库作业的各种因素,并能处理和利用影响入库作业的各因素。复述供应商的送货方式 (2) 熟练完成货物的收货、验货、入库作业,能独立制作货物的入库凭证 (3) 掌握具有何种特点的货物适合放在托盘货架区,若放于其他货架区有何区别 (4) 掌握入库成本核算的方法,根据入库费用核算单进行总结,减少入库成本	2
入库作业——电子标签区	(1) 能独立制作商品的入库凭证 (2) 熟练完成货物的收货、验货、入库作业 (3) 掌握具有何种特点的货物适合放在电子标签货架区,若放于其他货架区有何区别 (4) 掌握入库成本核算的方法,根据入库费用核算单进行总结,减少入库成本	2
入库作业——轻型货架区	(1) 能独立制作商品的入库凭证 (2) 熟练完成货物的收货、验货、入库作业 (3) 掌握具有何种特点的货物适合放在轻型货架区,若放于其他货架区有何区别 (4) 掌握入库成本核算的方法,根据入库费用核算单进行总结,减少入库成本	2
入库作业——自动立库区	(1) 能独立制作商品的入库凭证 (2) 熟练完成货物的收货、验货、入库作业 (3) 掌握自动入库的注意事项及方法 (4) 了解这批货物放入自动立库区的原因 (5) 掌握入库成本核算的方法,根据入库费用核算单进行总结,减少入库成本	2

(续表)

任务名称	实 训 目 的	学时
入库作业——阁楼货架区	(1) 能独立制作商品的入库凭证 (2) 熟练完成货物的收货、验货、入库作业 (3) 了解这批货物放入阁楼货架区的原因 (4) 掌握入库成本核算的方法,根据入库费用核算单进行总结,减少入库成本	2
入库作业——商品入库	(1) 能独立制作商品的入库凭证 (2) 熟练完成货物的收货、验货、入库作业 (3) 掌握入库成本核算的方法,根据入库费用核算单进行总结,减少入库成本	2
在库管理	(1) 能独立制作商品的调拨单 (2) 掌握调拨入库的流程及方法 (3) 掌握入库成本核算的方法,根据入库费用核算单进行总结,减少入库成本 (4) 熟悉盘点作业的含义与目的、盘点作业的内容,掌握盘点作业的步骤,会有效地做好盘点前的准备工作,按要求对盘点现场进行有效的清理 (5) 了解各种盘点表单的识读和使用,准确计算盈亏差异,对盘点结果进行合理分析,正确进行盘盈、盘亏处理 (6) 树立责任意识,明白盘点工作的重要性与责任,掌握盘盈、盘亏处理原则	1
好又多超级市场配送	(1) 能独立制作货物的出库凭证 (2) 熟练完成货物的出货作业 (3) 了解送货作业的目的,掌握送货流程 (4) 掌握出库、配送的成本核算的方法,思考如何进行路线优化,减少相应成本 (5) 指出配送不合理的主要表现、配送合理化的判断标准和配送合理化采用的方法	2
7-11便利店配送	(1) 能独立制作货物的出库凭证 (2) 熟练完成货物的出货作业 (3) 了解送货作业的目的,掌握送货流程 (4) 掌握出库、配送的成本核算的方法,思考如何进行路线优化,减少相应成本 (5) 指出配送不合理的主要表现、配送合理化的判断标准和配送合理化采用的方法	2
综合任务一	根据任务背景模拟鼎益仓储公司完成与华奥集团有限公司的仓储作业。通过模拟真实仓储企业的实训,使学生熟悉仓储的业务流程,提高处理问题的能力,培养学生综合职业素质	3
综合任务二	根据3D系统提示,完成鼎益仓储公司一天的仓储作业任务	3

第二节 系统功能介绍

一、岗位角色任务列表

学生能通过3D交互形式模拟至少20个岗位角色：总经理、销售代表、销售经理、客服文员、客服经理、仓储经理、装卸员、收货员、验货员、仓管员、入库员、发货员、出库员、拣选员、配载员、调度员、配送员、财务会计、IT主管、教师。如表2-2所示。

表2-2 3D仓储配送模拟实训岗位角色任务列表

步骤	角色部门	岗位名称	角色任务明细
1	总经理	总经理	总经理是公司的最高负责人，行使公司最高决策权。总经理主要履行以下职责： （1）执行董事会决议，主持全面工作，拟订和组织实施公司发展规划、年度经营计划，负责完成责任目标和年度计划。 （2）全面负责、主持公司的日常经营、行政和业务活动，努力营造良好的公司内外部环境。 （3）拟订公司的基本管理制度和制定公司具体规章，负责各项制度落实，严格纪律，树立正气。 （4）聘任、解聘、调配公司副总经理及各阶层工作人员；拟订和组织实施公司内部管理机构设置方案。 （5）对公司重大投资、经营活动正确决策，认真领导，杜绝重大事故、失误发生。
2	销售部	销售代表	销售代表就是代表企业进行产品销售的销售人员，简单地说就是销售员。岗位职责要求如下： （1）项目前期（项目准备工作）：服从销售部整体工作安排，接受专案组人员编排决定；按时参加销售部或公司组织的案前培训，积极参与实地观测与市场调查；迅速适应环境并开展日常工作。 （2）项目销售期：完成计划销售任务，发挥工作能动性，自主地克服困难完成各阶段及总体项目销售任务，注意销售数量与质量之间的关系，追求销售量高质优的目标；销售代表应对累积潜在客户进行随时跟踪回访，争取有效客户，促进销售。销售代表有责任对已成交客户进行售后服务工作，根据客户订购条款内容、特殊情况与专案组其他成员共同完成合同签订、催款、特殊事项协调等售后收尾工作，并确保工作的时效与质量。 （3）项目收尾期：进行客户遗留问题处理，完成项目销售个人总结。
		销售经理	企业一线销售管理的负责人，肩负着客户管理的信任与重托，履行着企业营销系统执行的职责，肩负着经营与管理的双重使命。岗位工作职责：

（续表）

步骤	角色部门	岗位名称	角色任务明细
2	销售部	销售经理	(1) 销售计划、组织与客户管理，制订营销工作方针、政策，提供公司内部营销管理改进方案并贯彻实施。 (2) 组织市场调研，收集有关市场信息，分析内、外环境，确定目标市场，收集分析竞争对象信息，制订公司竞争策略并组织实施。 (3) 组织产品的定位及开发维持、开拓销售渠道，不断扩大市场份额；维护与关键客户的联系，参与重大业务洽谈，解决业务拓展中的重大问题；指导建立完善的售后服务。 (4) 销售活动、售后服务指导及抱怨处理。
3	客服部	客服文员	(1) 负责公司客户信息的管理，包括客户各项信息数据录入的及时性、准确性、真实性。 (2) 客户数据的定期备份。 (3) 客户定期的回访及处理日常客户投诉问题，对客户所提的意见及建议进行反馈，并进行跟踪处理，日常客户问题的收集分析。 (4) 接听客户来电，回复后台问题，回复客户邮件。 (5) 运输业务接单与回单管理，负责公司客户资料、公司文件等资料的管理、归类、整理、建档和保管工作。
		客服经理	(1) 维持良好的服务秩序，提供优质的顾客服务，做好客户与公司沟通的桥梁。 (2) 确保部门所有人员执行公司的礼仪礼貌的服务标准，树立良好的外部形象。 (3) 确保本部门积极配合营销部门开展工作。 (4) 建立并维护公司客服服务体系，建立客服信息管理系统，客户服务档案、跟踪和反馈。 (5) 制订客户服务人员培训计划并组织实施，考核部门下属并协助制订和实施绩效改善计划。 (6) 受理客户投诉。
3	仓储部	仓储经理	(1) 主要负责安排库房各岗位人员的日常工作，保证货物进、出库有序、准确、准时。 (2) 合理安排货位，做到货物码放整洁、清晰、便于操作，确保库容最大化利用。 (3) 通过加强各项管理提高提货客人的满意度，积极维护与库房相关单位的公共关系，确保突发（或困难）问题的及时、顺利解决。 (4) 积极寻找有效方法，提高库房各项资源的利用率，降低单位成本。 (5) 积极寻找改善各项操作规程、管理工具的方法，使公司的服务更趋合理完善。 (6) 与财务部定期进行对账。 (7) 对下属进行必要的岗位知识培训，同时对其工作进行激励及评估。
		装卸员	主要负责上架业务。根据任务上架单要求，作上架任务，根据不同的货架区采用不同的上架作业工具。

(续表)

步骤	角色部门	岗位名称	角色任务明细
3	仓储部	收货员	主要负责收货业务。根据任务收货订单要求,作收货任务,分上门到客户工厂提货和客户送货上门收货。在配送中收货验货区作业,如需要上门提货则要和司机到工厂提货。
		验货员	(1) 核对货物品种、数量、规格、等级、型号和重量。 (2) 按照凭单拣选货物。 (3) 对拣出的货物进行复核。 (4) 检验货物的包装、标志,对出库待运的货物进行包装、拼装、改装或加固包装,对经拼装、改装和换装的货物填写装箱单。 (5) 在出库货物的外包装上设置收货人的标记。 (6) 按货物的运输方式、流向和收货地点将出库货物分类整理、分单集中,填写货物启运单,通知运输部门提货发运。 (7) 对货物进行搬运、整理、堆码。 (8) 鉴定货运质量,分析货物残损原因,划分运输事故责任。 (9) 办理货物交接手续。
		仓管员	(1) 主要负责保管区内物资的保管工作,对保管区内的货物,做到账、卡清楚,账卡物相符。 (2) 定期清扫保管区,保证保管区内清洁卫生,无虫害、鼠害。 (3) 定期检查保管区内的通风设施、照明设施、防雨防潮设施的情况,保持库区内通风、干燥、温湿度适宜。 (4) 定期检查保管的货物品种、数量、质量状况,定期或不定期地对保管货物进行盘点,及时掌握保管物资的动态。 (5) 严格执行保管区的安全检查,包括消防器材的配备及其有效性,区内电器线路的使用状况,是否存在老化、破损等安全隐患。 (6) 严格执行保管区内的劳动纪律,严禁非保管区人员擅自进入保管区。
		入库员	(1) 主要负责在货物入库过程中选用搬运工具与调派工作人员,并安排工具使用时段与人员的工作时间、地点、班次等。 (2) 制定相应的货物入库管理制度及工作流程。 (3) 负责货物的合理及安全存放。 (4) 建立货物入库台账,每日进行货物入库记录及统计。 (5) 严格按照手续办理产品入库。 (6) 对退货及换货产品进行另类统计。
		发货员	主要负责发货业务。根据任务发货订单要求,作发货任务,如货物库存不足,则安排客户补货作业,如待发货物有问题(如过保质期、错货、包装问题等)则进行处理。
		出库员	(1) 主要负责货物出库过程中选用搬运工具与调派工作人员,并安排工具使用时段,以及人员的工作时间、地点、班次等。 (2) 严格按照出库凭证发放货物,做到卡、账、物相符。 (3) 严格对货物进行复查,当出库货物与所载内容不符合时应及时处理,视具体情况,对出库货物进行加工包装或整理。 (4) 严格监督货物的装载上车,进行现场指挥管理。

(续表)

步骤	角色部门	岗位名称	角色任务明细
3	仓储部	拣选员	主要负责电子标签货架区出库拣选作业任务。根据任务发货单要求,作拣选出库任务。
4	配送部	配载员	(1) 负责载重结算,计算运输工具中可以装运多少重量的货物以及货物装在什么位置,制定配载计划及车辆安排计划。 (2) 负责货物的收集管理。 (3) 负责有关重量分配、装载位置分配的其他工作。
		调度员	(1) 订单的受理和汇总工作。 (2) 负责对订单作计划,并根据计划进行调度工作。 (3) 负责对汇总后订单报销售部门。 (4) 负责对物资的合理安排调度。 (5) 负责物资运输调度工作。
		配送员	(1) 负责日常进出货的管理与配送,按操作规范准确、高效地完成日常票据审批、账务处理。 (2) 负责相关单据的保管与相关信息的传递工作。 (3) 负责与工厂端的货品协调。 (4) 负责相关报表统计分析和输出。
5	财务部	财务会计	主要负责仓储企业的财务管理工作,具体说来有以下内容: (1) 负责仓库的财务核算,各种仓储业务的财务结算及工资的发放。 (2) 负责员工报销费用的审核、凭证的编制和整账,负责编制财务报表,进行财务决算。 (3) 对仓库经营进行财务分析和成本预测,为仓库主管进行决策提供财务依据。 (4) 完成日常的财务工作。
6	IT部	IT主管	(1) 公司网点资料、部门资料、员工资料的维护。 (2) 车辆资料、货主资料、收(发)货人资料、货物资料、仓库资料的管理和维护。
7	教师	教师	(1) 建立任务。 (2) 班级管理。 (3) 角色权限管理。 (4) 用户权限管理。 (5) 团队管理。

二、系统登录界面

系统登录界面如图 2-2 所示。

图 2-2 系统登录界面

1. 角色演练系统

按角色学生个人单独完成一个作业任务。除登录的角色外,其他角色为 NPC(电脑角色)配合。

2. 交互实战系统

按班级(团队)选择一个任务,一个团队共同协作完成。

3. 系统参数配置

设置服务器 IP 地址、数据库名称等网络信息。

三、用户及角色登录界面

用户及角色登录界面如图 2-3 所示。

录入学生登录的用户名、密码后,根据任务需要选择角色进入 3D 系统。

四、系统菜单功能(如图 2-4 所示)

1. 主菜单

——实训中心

功能:角色的所有实训功能都在这个菜单中。

图 2-3 用户及角色登录界面

图 2-4 系统菜单

──流程指引

功能：指引作业过程中出现的流程。

──职场贴士

功能：说明实训中所登录角色任务。

──操作日志

功能：记录查看用户的操作日志。

──帮助

功能：查看帮助文档。

──回到工作岗位

功能：单击此按钮对应角色将坐到工作岗位开始工作。

──区域跳转

功能：单击此按钮所对应角色将转换所处的地点。

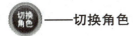——切换角色

功能：单击此按钮转换所对应的角色。

——退出

功能：返回到角色选择界面。

2. 其他菜单

左上角查看所担任角色基本信息（如图2-5所示）；右上角为所对应角色的待处理提示框（如图2-6所示）。

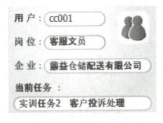

图2-5 角色基本信息

图2-6 待处理事项提示框

五、物流服务公司背景简介

鼎益仓储配送服务有限公司，主要从事第三方仓储配送物流服务，其中主营业务有仓储物流外包服务，包括仓储保管、流通加工、条码管理、装卸作业及城市/国际配送物流服务。

1. 仓库

表2-3 物流服务公司仓库概况

序号	仓库类型	仓库面积	业务描述
1	配送中心——立体仓库区	1.5 m×1.5 m×2 m 标准库位12 000个	以标准托盘为作业单位，完全自动化快速出入库作业。特点：作业效率高、出错率低，单个作业成本高。
2	配送中心——托盘货架区	高6 m，20组，1.5 m×1.5 m×2 m标准库位480个	以标准托盘为作业单位，但每托盘货物可以拼放，以动力叉车为装卸工具。特点：作业效率相对较高、容易人为出错，单个作业成本低。
3	配送中心——电子标签分拣货架区	1.5 m×1.5 m×1 m标准电子标签库位800个	以物料箱为作业单位，每个电子标签库位可以存放3个物流箱，以电子标签辅助拣货，能快速完成物料品种较多但量相对较小的分拣模式，单个作业成本低。

(续表)

序号	仓库类型	仓库面积	业务描述
4	配送中心——中型货架区	1.5 m×1.5 m×1 m 标准库位 800 个	以产品原包装形式直接存入,每库位货物重量不超过 500 kg,以笼车、平板车、托盘车作搬运,以人工上下架为主。库位管理人工操作,较易出错。
5	配送中心——轻型货架区	1.5 m×1.5 m×1 m 标准库位 800 个	以产品原包装形式直接存入,每库位货物重量不超过 200 kg,以笼车、平板车、托盘车作搬运,以人工上下架为主。库位管理人工操作,较易出错。
6	配送中心——阁楼货架区	1.5 m×1.5 m×1 m 标准库位 800 个	以产品原包装形式直接存入,每库位货物重量不超过 200 kg,基本与轻型货同,只是为了容积率增加一层阁楼。以笼车、平板车、托盘车作搬运,以人工上下架为主。库位管理人工操作,较易出错。
7	平仓	面积 8 000 平方米	只有库区管理,没有具体库位,主要针对品种单一、以托盘为单位,叉车直接操作的货物。仓储成本及库内操作成本较低,但较易出错。

2. 装卸设备

2 t 的电动叉车 10 台,2 t 的高位叉车 3 台,手动液压堆叉车 10 台,手动液压托盘车 15 台,平板车 20 台。

部分设备如图 2-7 所示。

图 2-7 部分装卸设备

3. 流程服务项目

包括仓储保管、流通加工、条码管理、装卸作业及城市配送物流服务。

4. 配送

配送车辆：50 台不同类型的配送车辆。

部分车辆如图 2-8 所示。

图 2-8　部分配送车辆

六、货主企业背景简介

华奥集团有限公司，是一家以批发贸易为主营业务的综合商业集团公司，主要经营四大类商品的代理、批发及相关的仓储、配送业务。四大类商品分别是电器类、日化类、化妆品类、食品类。委托第三方物流企业做的物流服务有：仓储保管、流通加工、条码管理、装卸作业及城市配送物流服务。

服务的目标客户有（如表 2-4 所示）：

——大型卖场超市（好又多超级市场）；

——小型超市（7-11 便利店、OK 便利店）。

表2-4 货主企业目标客户

终端销售集团	门店明细
好又多超级市场	好又多超市天河分店
	好又多超市白云分店
	好又多超市越秀分店
	好又多超市海珠分店
	好又多超市东山分店
	好又多超市黄埔分店
7-11便利店	7-11便利店天河1店
	7-11便利店天河2店
	7-11便利店海珠1店
	7-11便利店海珠2店
	7-11便利店越秀1店
	7-11便利店越秀2店
	7-11便利店东山1店
	7-11便利店东山2店
	7-11便利店黄埔1店
	7-11便利店黄埔2店
	7-11便利店白云1店
	7-11便利店白云2店
OK便利店	OK便利店天河1店
	OK便利店天河2店
	OK便利店海珠1店
	OK便利店海珠2店
	OK便利店越秀1店
	OK便利店越秀2店
	OK便利店东山1店
	OK便利店东山2店
	OK便利店黄埔1店
	OK便利店黄埔2店
	OK便利店白云1店
	OK便利店白云2店

第三节 仓储实训

一、任务描述

客户华奥集团有限公司是鼎益仓储公司合作多年的业务伙伴。由于华奥集团所代理的商品不断增多,加上合同已经到期,双方协定在 2011 年 9 月 1 日,重新签订一份针对华奥集团商品仓储保管、流通加工、条码管理、装卸作业及城市配送物流服务的仓储合同,合同签订后,双方就仓储费用进行修改和最终确认。

2011 年 9 月 10 日,华奥集团送来多批商品,请组织入库工作。

送货时间:2011 年 9 月 10 日 8:30

2011 年 10 月 5 日,多家超市来电要求送货。

入库清单

第一批:

商品编码	商品名称	数量
DQ0010	三洋 XQG60－F1028BW 洗衣机	500
DQ0011	万和电热水器 DSCF40－T4	300
DQ0100	西门子 KA63DV21TI 对开门冰箱	300

送货联系人信息:

联系人:何强

电话:020－84657236　13588451121

货物计费方式:/千克

出库清单

好又多超市天河分店:

商品编码	商品名称	数量
DQ0010	三洋 XQG60－F1028BW 洗衣机	500
DQ0011	万和电热水器 DSCF40－T4	300
DQ0100	西门子 KA63DV21TI 对开门冰箱	300

收货联系人信息：

联系人：刘炳贵

电话：020-82255731

货物计费方式：/千克

二、案例业务流程

选择任务，参考任务背景完成下面的操作。

（一）入库流程

1. 收货订单

▲ 操作流程

（1）进入仓储配送管理系统后，登录用户，选择业务仿真系统，来到任务选择界面，在此选择"鼎益仓储配送有限公司"→"综合任务二　鼎益物流公司综合案例实训"，如图2-9所示。

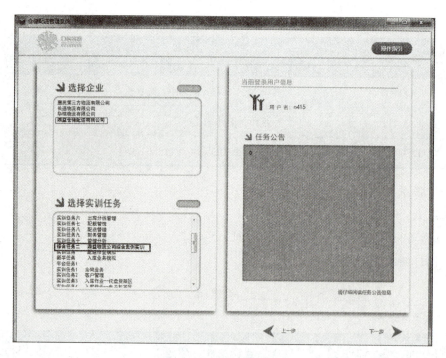

图2-9　任务选择界面

（2）登入"客服部"→"客服文员"角色，单击 回到工作岗位，如图2-10所示。

（3）双击"待处理事项"区域里的选择实训任务 入库通知(1)，弹出货物收货通知单框。

图 2-10

（4）点击 来源，相应的货物代码和货物名称以及单位等信息会自动生成，如图 2-11 所示。

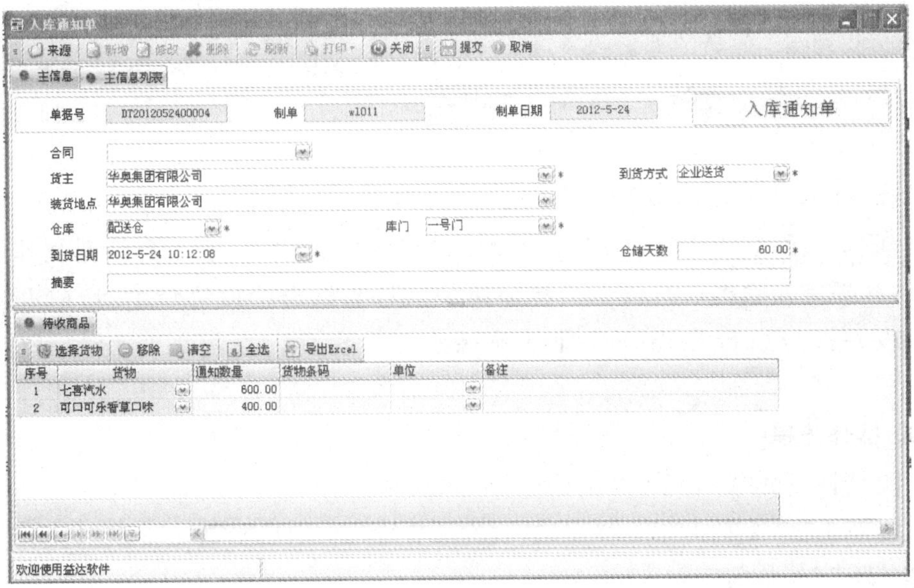

图 2-11　单据信息生成

（5）整个表体内容填写完整后，单击 提交，提示如图 2-12 所示。

（6）按"OK"完成当前单据的填写，如有需要继续做下一张收货订单。

图 2-12 单据提交成功提示

附货物列表：

商品编码	商品名称	数量
DQ0010	三洋 XQG60-F1028BW 洗衣机	500
DQ0011	万和电热水器 DSCF40-T4	300
DQ0100	西门子 KA63DV21TI 对开门冰箱	300

（7）登入"客服部"→"客服经理"，单击  回到工作岗位。

（8）双击"待处理事项"区域里的选择实训任务 ，弹出货物收货通知单选择框，如图 2-13 所示。

（9）找到刚才签署的那份收货通知单，认真查阅各项后，点击 审核通过 → 点击 提交 。

图 2-13 选择货物收货通知单

2. 收货

该模块主要是记录货物的相关资料，进行收货。收货人提取货物时，应凭单位介绍信或提货通知单、本人身份证或其他有效证件和提货人联提取。收货人提取海关监管和需要检疫等货物时，应办妥有关手续，并携带放行和检疫等证件前往提货。收货人在提取货物时，应逐件清点。

操作流程

（1）切换角色到"配送中心办公区"→"收货员"。

（2）双击"待处理事项"区域里的"收货员收货（企业自送）"，如图 2-14 所示，弹出货物收货通知单框。

（3）选择单据号，单击"确定"，弹出提示信息，如图 2-15 所示。

（4）双击"待处理事项"区域里的"收货通知→入库计划"，弹出"入库计划"表，如图 2-16 所示。

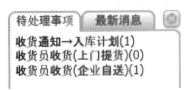

图 2‑14　选择货物收货通知单　　　　图 2‑15　收货通知单提示信息

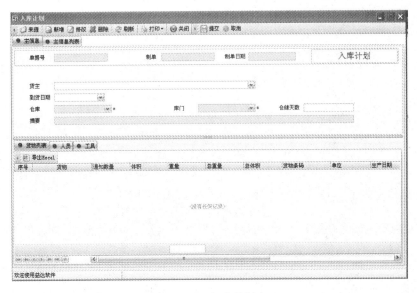

图 2‑16　入库计划表

(5)点击 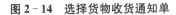 后选择货源数据,如图 2‑17 所示,点击确定后,相应信息自动填写到入库计划,如图 2‑18 所示。

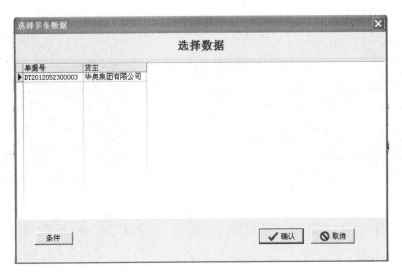

图 2‑17　选择货源数据

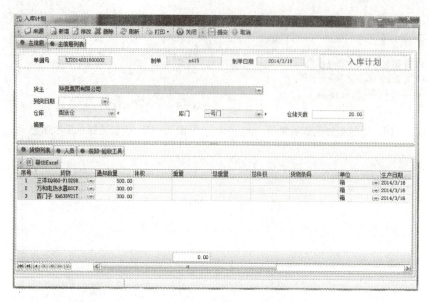

图 2-18 入库计划信息生成

(6) 查看收货数据确认无误,然后点击 提交。

(7) 切换角色到"仓储部"→"仓储经理",单击 ,双击"待处理事项"区域里的"入库计划审核",在弹出单据框选择刚才提交的收货通知单,认真查阅各项后,点击 审核通过 →点击 提交。

(8) 切换角色到"配送中心办公区"→"收货员",双击"待处理事项"区域里的选择实训任务 收货员收货(企业自送)(1) ,在弹出单据框选择刚才审核通过的收货通知单,提示如图 2-19 所示。

图 2-19 收货通知单提示信息

图 2-20 企业送货员操作菜单

"收货员"跑出企业门口,跑到仓库区,【Ctrl+鼠标左键】点击"X 企业送货员(NPC)",弹出操作框,如图 2-20 所示。

选择 单据交接 ,弹出"收货单",如图 2-21 所示。

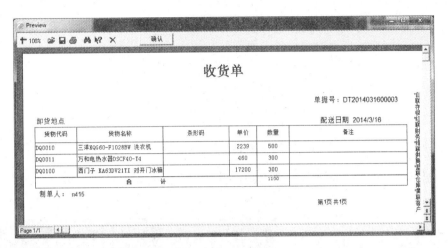

图 2-21 收货单

点击"确定",弹出提示信息,如图 2-22 所示。

图 2-22 收货单提示信息

再次点击"确定",弹出码垛选择窗口,如图 2-23 所示。

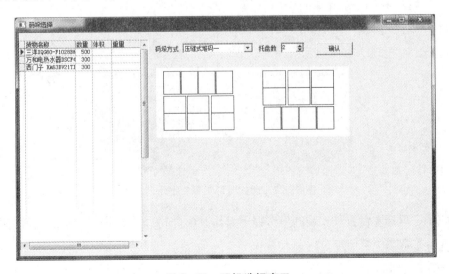

图 2-23 码垛选择窗口

确定后,提示如图 2-24 所示。

图 2-24　通知堆码员卸货提示信息

(9)【Ctrl+鼠标左键】点击"堆码员",弹出菜单,如图 2-25 所示。

图 2-25　堆码员操作

图 2-26　自动卸货

选择 [卸货] ,电脑播放自动卸货动画,如图 2-26 所示。

自动卸货完成后,提示如图 2-27 所示。

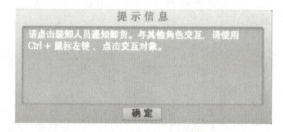

图 2-27　通知装卸员卸货提示信息

【Ctrl+鼠标左键】点击"装卸员",弹出操作菜单,如图 2-28 所示,点击"通知卸货"。

选择 [通知卸货] ,提示如图 2-29 所示。

点击"确定"后提示如图 2-30 所示。

图 2-28 装卸员操作菜单

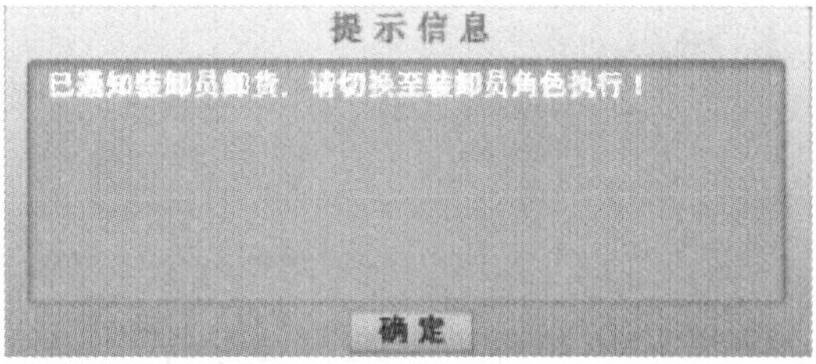

图 2-29 切换至装卸员角色提示信息

图 2-30 卸货提示信息

（10）切换至"装卸员"，来到设备区取堆垛车，【Ctrl＋鼠标左键】点击"电动堆垛车"，选择 堆垛车拿取 ，来到刚才卸下货物的箭头前，【CTRL＋X】调出堆垛车菜单，如图 2-31 所示。

图 2-31 电动堆垛车操作菜单

图 2-32 拿取堆垛车后操作菜单

点击"堆垛车拿取"后，弹出另一个操作菜单，如图 2-32 所示，逐次点击每项（点击完成后，菜单框会自动消失），便可操作堆垛车到相应库门进行取货。

（11）在刚才货物堆码的地方，现在有箭头指示，把堆垛车开到相应位置后，【Ctrl+X】调出堆垛车操作菜单，点击 ，成功拿取货物后，出现提示，如图2-33所示。

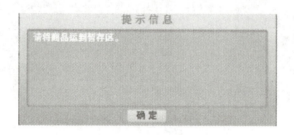

图2-33　拿取货物后提示信息

来到暂存区的提示箭头前，如图2-34所示。

图2-34　暂存区提示箭头

【CTRL+X】调出菜单，选择 ![卸货]，出现提示，如图2-35所示。

点击"确定"后，系统会自动装卸剩下货物，出现提示，如图2-36所示。

图 2-35 自动装卸剩余货物提示信息　　图 2-36 全部卸货完成提示信息

【Ctrl+鼠标左键】点击"收货员",在弹出的菜单中选择 ,提示如图 2-37 所示。

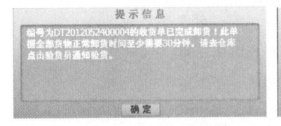

图 2-37 通知验货提示信息　　图 2-38 通知切换验货员提示信息

【Ctrl+鼠标左键】点击"验货员"→ ,出现提示,如图 2-38 所示。

3. 验货

通过模拟实训学习物品验收作业内容。

操作流程

(1) 电脑自动切换到"验货员",提示如图 2-39 所示。

图 2-39 收到验货指令提示信息　　图 2-40 通知领取验货工具提示信息

确定后出现提示,如图 2-40。

【Ctrl+鼠标左键】点击桌上的验货工具 ,前往暂存区,出现提示,如图 2-41所示。

图 2-41 到达验货地点提示信息

确定后,弹出"入库验收单",如图 2-42 所示。

图 2-42 入库验收单

因有两箱货物出现损坏,填写拒收货物的数量,确认无误后,点击 提交。关闭"入库验收单"出现提示信息,如图 2-43 所示,需要通知"收货员"验货完成。(系统在此处有两种情况:一种是提示货物合格,这种情况直接在损坏数量、拒收数量上填 0;若系统提示货物有损坏,则需要填写所提示的数量。)

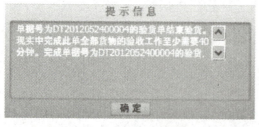

图 2-43 结束验货提示信息

图 2-44 完成验货交接提示信息

(2)【Ctrl+鼠标左键】点击"收货员"→ 验收合格 ,提示如图 2-44、图 2-45、图 2-46 所示。

【Ctrl+鼠标左键】点击"X 企业送货员" 单据交接 ,弹出"收货单",如图 2-47 所示。

图 2-45　完成收货提示信息　　　　图 2-46　通知送货员递交收货单提示信息

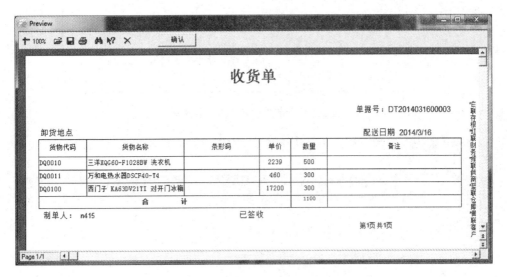

图 2-47　收货单

点击"确定"后，提示信息如图 2-48 所示，验货流程至此结束。

图 2-48　验货流程结束提示信息

4. 库位分配

对需要入库的货物进行合理的库位分配。

🔻 操作流程

(1) 切换到"仓储部"→"仓管员"角色→双击 收货通知→入库单(1) ，弹出"入库单"，点击 来源 ，选择刚才已经验收货品的单号，如图 2-49 所示。

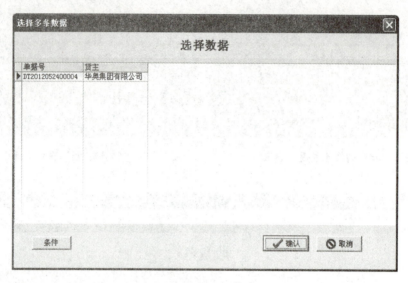

图 2-49　选择已验收货物入库单

在弹出来的入库单中,点击 ![图标] 提交,如图 2-50 所示。

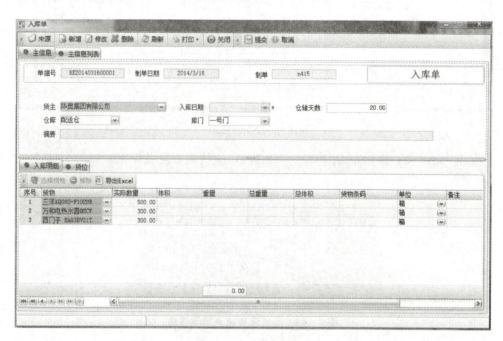

图 2-50　入库单提交

（2）提交后点击"修改",再点击入库单的 ![货位] → ![货位维护],弹出库位分配表,如图 2-51 所示。

货位类型选择"托盘货架区",选择空白的货架区域,点击 ![图标],如图 2-52 所示。

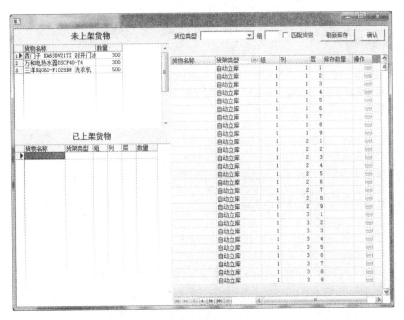

图 2-51 库位分配表

图 2-52 选择货架区域

填写上架数量,点击"确认",如图 2-53 所示。

图 2-53 填写货物上架数量

全部货物分配完毕后,点击"确认"回到入库单界面,如图 2-54 所示,检查数据无误后点击 ![提交] 。

(3)"仓储经理"登录→双击 ![入库单审核(2)],在弹出单据框选择刚才所提交的入库单。确认无误后,点击 ![审核通过],单击 ![提交],出现提示,如图 2-55 所示。

5. 货物上架

对已分配好库位的货物进行入库上架作业。

操作流程

(1)切换到"仓储部"→"装卸员"角色→双击 ![入库上架作业(1)],在弹出单据框选择刚才所审核的入库单,弹出"入库上架单",如图 2-56 所示。

图 2－54　入库单界面

图 2－55　入库单审核通过提示信息

入库上架单

单据号：RK2014031600001

上架日期 2014/3/16

货物名称	货架类型	数量	货位
西门子 KA63DV21TI 对开门冰箱	托盘货架	300	B2-004-02
万和电热水器DSCF40-T4	托盘货架	300	B1-012-02
三洋XQG60-F1028BW 洗衣机	托盘货架	500	B1-004-02
合　计		1100	

制单人：n415

第1页 共1页

图 2－56　入库上架单

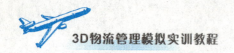

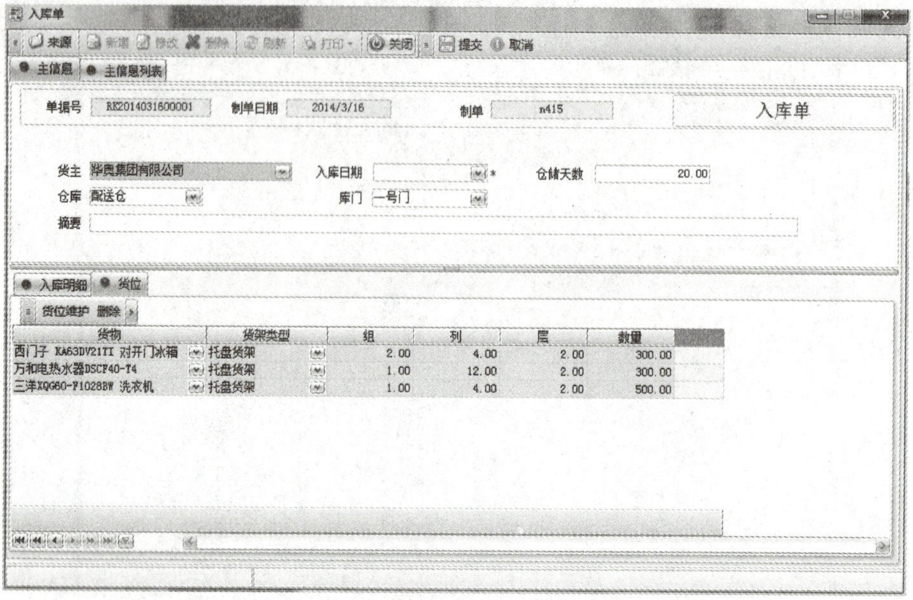

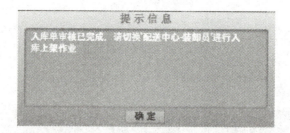

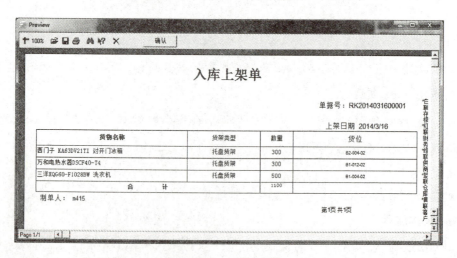

点击"确定",弹出提示信息,如图2-57所示。

图2-57 领取上架工具提示信息　　　　图2-58 成功领取上架工具提示信息

（2）来到设备区,【Ctrl＋鼠标左键】点击"叉车"→  ,提示如图2-58所示。

点击"确定",【CTRL＋X】调出菜单,选择 启动[A] → 松开手刹 ,将车开出设备区。

（3）取车后,把车开到系统所提示的暂存区,来到货物提示的箭头前面,如图2-59所示。

图2-59 暂存区货物提示箭头

【CTRL＋X】调出菜单,选择 取货[Q] ,取货成功后系统会提示货架的位置,如图2-60所示。

图2-60 取货成功后提示货架位置信息

（4）来到提示货架前,【CTRL＋X】选择 ,如图 2－61 所示。

图 2－61　来到提示货架前卸货

按照系统提示把货物放到对应的货架上,直到系统提示上架完成,如图 2－62、图 2－63 所示,逐次确定提示信息,货物上架操作至此结束。

图 2－62　货物完成上架提示信息

图 2－63　上架作业结束提示信息

（二）出库流程

1. 发货订单

作为发货的一份单据,包含了交货、收货双方的相关信息以及货物的具体资料。

操作流程

（1）登录"客服部"→"客服文员"角色→点击"待实训中心"→ ,弹出"出库通知单",如图 2－64 所示。

点击 后,填入出库通知单相应信息,如图 2－65 所示。

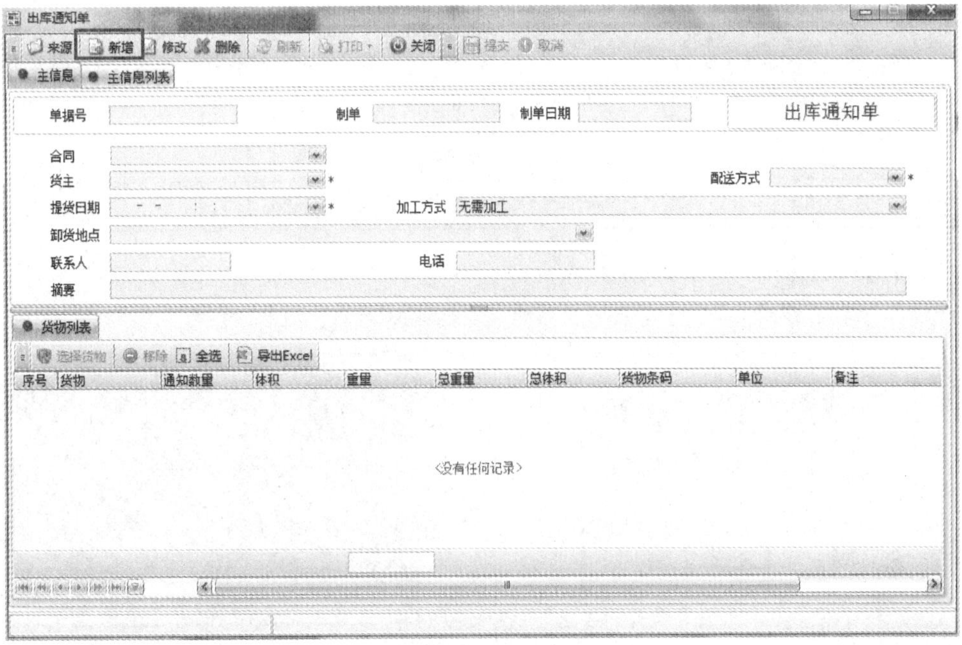

图 2-64　出库通知单

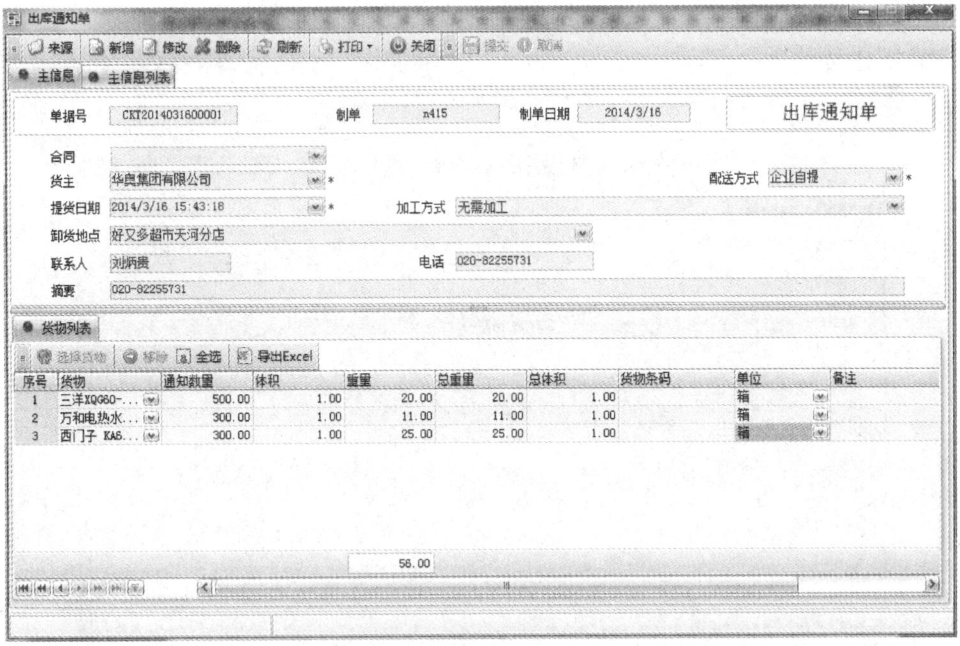

图 2-65　填写出库通知单信息

附货物列表：

商 品 编 码	商 品 名 称	数 量
DQ0010	三洋 XQG60－F1028BW 洗衣机	500
DQ0011	万和电热水器 DSCF40－T4	300
DQ0100	西门子 KA63DV21TI 对开门冰箱	300

单击 提交，提示如图 2－66 所示。

图 2－66 成功提交出库通知单数据提示信息

图 2－67 选择发货单单据号

（2）登录"客服部"→"客服经理"→"待处理事项"→ 发货通知审核(1) ，弹出出库通知单据框，如图 2－67，选择刚才所提交的发货单单据号，点击"OK"。

确认出库通知单数据无误后，点击 审核通过 ，单击 提交 ，如图 2－68 所示。

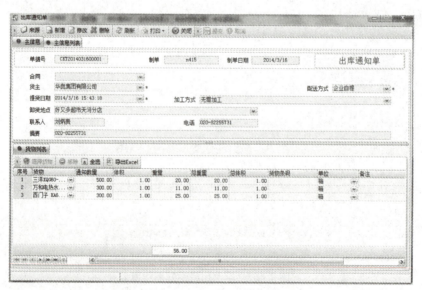

图 2－68 出库通知单审核通过后提交

2. 库位分配

🔸 操作流程

（1）切换角色到"仓储部"→"仓管员"角色，点击"回到岗位"，双击 特处理事项 中的 发货通知-出库调度(1) ，选择需要发货的单据，弹出拣货作业窗口，如图 2-69 所示。

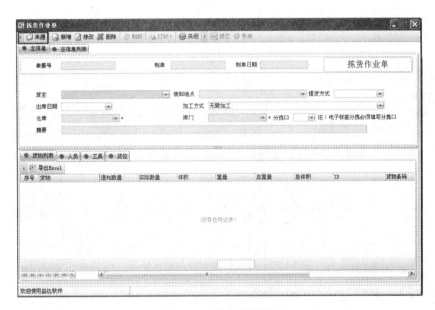

图 2-69 拣货作业窗口

（2）点击 来源，在弹出来的窗口选择货源数据，如图 2-70 所示，确认后相应信息自动填写到拣货作业单，如图 2-71 所示，选择出库的仓库、库门及分拣口。

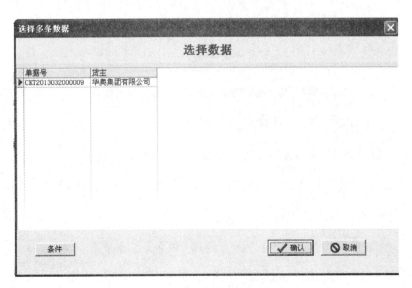

图 2-70 选择货源数据

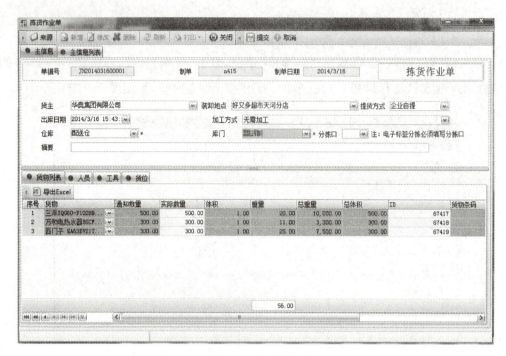

图 2‑71 拣货作业单信息自动填写

单击 提交，提示如图 2‑72 所示。

图 2‑72 成功提交拣货作业单数据提示信息

(3) 点击 货位 → 选择货位，弹出拣选货物表单，如图 2‑73 所示，点击"自动拣选货物"拣选出库货品，勾选"匹配货物"后，点击 刷新库存 。在相对应的位置点击 ，输入出库数量。依次点击 刷新库存 ，直到将全部货物移到"已拣选货物"区域后，点击"确认"回到拣货作业单，单击 提交 。

(4) 切换角色到"仓储部"→"仓储经理"角色，点击 → 双击 特处理事项 中的 出库调度审核(1) ，在弹出单据框选择刚才所提交的拣货作业单，如图 2‑74 所示。确认无误后，点击 审核通过 ，单击 提交 。

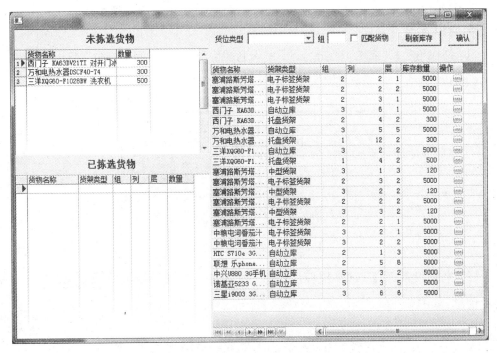

图 2-73 拣选货物表单

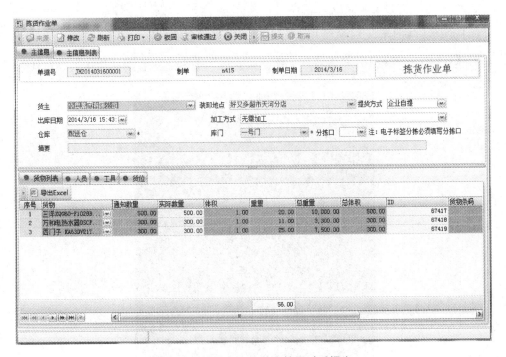

图 2-74 拣货作业单审核通过后提齐

3. 分拣

操作流程

（1）切换角色到"配送中心办公区"→"分拣员"角色，点击"回到岗位"，双击 待处理事项 中的 出库分拣作业(1) ，选择需要发货的单据，弹出提示信息，如图 2－75 所示。

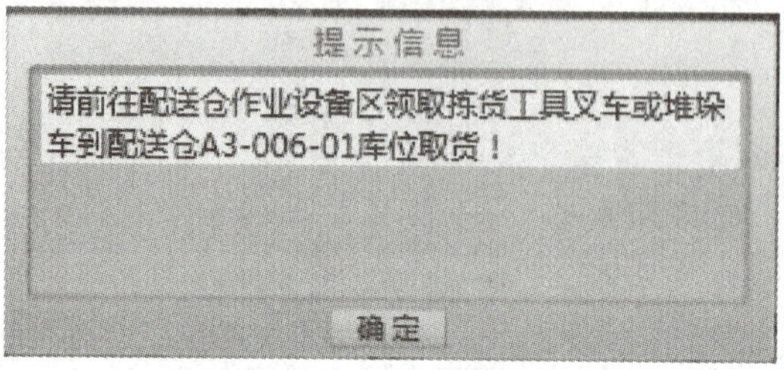

图 2－75 发货单据提示信息

（2）来到设备区，【Ctrl＋鼠标左键】点击"叉车"→ 上车 ，弹出提示信息，如图 2－76 所示。

已成功领取拣货工具，请到配送仓A3-006-01取货！

图 2－76 成功领取拣货工具提示信息

点击"确定"，【CTRL＋X】调出菜单，选择 启动[A] → 松开手刹 ，将车开出设备区。

（3）取车后，把车开到系统所提示的库位，来到货物提示的箭头前面，来到提示货架前，【CTRL＋X】调出菜单选择 上升[D] → 取货[Q] ，如图 2－77 所示。

图 2－77 来到提升货架前取货

取货成功后系统会提示将货物运到暂存区。

（4）来到提示箭头前，【CTRL＋X】选择 下降[C] → 卸货[Z]，如图 2-78 所示。

图 2-78 在暂存区卸货

按照系统提示把货物放到对应的位置上，直到系统提示上架完成，货物分拣操作至此结束。把工具放回原位。

4. 出库

操作流程

（1）切换角色到"配送中心办公区"→"发货员"，点击"回到岗位"，双击 待处理事项 中的 出库发货(1) ，选择需要发货的单据，弹出提示窗口，如图 2-79 所示。

图 2-79 选择发货单据后提示信息　　　图 2-80 确定后提示信息

确定后，弹出提示信息如图 2-80 所示。

（2）【Ctrl＋鼠标左键】点击"X 企业提货员（NPC）"，弹出操作框，如图 2-81 所示。

选择 出库发货 ，系统提示如图 2-82 所示，确定后，系统自动安排装卸员装货。装货完成后提示信息如图 2-83 所示。

（3）切换角色到"仓储部"→"仓储经理"，点击"回到岗位"，双击 待处理事项 中的出库确认(1)，选择需要出库的单据，弹出拣货作业确认单，如图 2-84 所示，点击"出库确认"后，提交。

图 2-81　企业提货员操作菜单

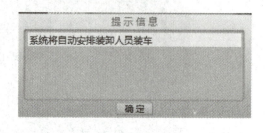

图 2-82　安排装货提示信息

图 2-83　装货完成提示信息

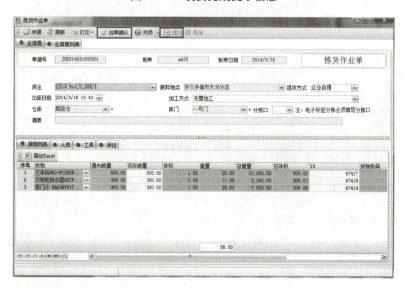

图 2-84　拣货作业确认单

至此整个任务结束！

第三章 3D运输国际货代平台教学模拟实训子系统概述

学习目标

了解3D国际货代模拟实训系统业务流程及系统软件的功能,熟悉本系统的岗位角色及岗位任务;掌握不同角色的登录及切换,熟悉本系统中各菜单的功能。

第一节 国际货代基础知识

进出口业务综合实训的目的是整合入学以来所学的专业理论知识和单科实训技能,以缩小与将来就业岗位实际需求的差距,为即将进入相关企业的顶岗实习和将来的实际就业做好准备。

进出口业务综合实训内容由出口业务、进口业务和加工贸易三部分组成。

一、进出口流程

(一)出口项目流程

出口项目流程如下:

出口项目前期准备 → 出口报、还价核算 → 接受与签约 → 催证审证改证 →
(含必要的事前审批)　与发盘、还盘

货源组织与跟踪 → 货物出运 → 制、审单与收汇 → 出口善后
　　　　　　　　托运、报检、报关

(二)进口项目流程

进口项目流程如下:

进口项目前期准备 → 进口询价、还价 → 自营/委托代理 → 进口磋商 →
(含必要的事前审批)　或国际招投标　　　　　　　　　　和签约

进口审批─→进口货物─→对外付款─→接货、报检、报关─→进口善后
和开证　　　运输、保险　　　　　　　（或转关）

二、合同条款及注意事项

（一）合同的主要条款

1. 品名条款

要求按《联合国国际贸易标准分类》规定的统一名称，要具体不可笼统，特殊商品注明产地，品种复杂的商品的品名写总称，具体名称另附表。

2. 品质条款

磋商品质条款时应注意：第一，正确运用品质的表达方法；第二，品质的确定要符合实际，凡能用一种方法表示的，就不能用两种或两种以上的方法；第三，凡用科学指标表示的，必须明确具体，又要有灵活性，否则会给交货带来困难。

3. 数量条款

订立数量条款时应注意：第一，按重量计算的商品应注明计重方法，即按毛重、净重还是以毛作净；第二，使用溢短装条款时，注明溢短装的百分比、由谁选择、溢短装部分计价方法等。

4. 包装及运输标志条款

订立包装条款时应注意：第一，条款中必须包括包装材料、包装方式，有时还要规定包装费用的支付及包装物料交送方法，以及交易者所在国对包装材料的特殊要求；第二，严格按合同规定刷制运输标志，运输标志一般由卖方确定，如买方要求由其出具运输标志也可接受，但应明确在装运前若干天提供，否则由卖方自行决定。设计唛头时最好按国际标准化组织的规定办理。

5. 价格条款

订立价格条款时应注意：第一，单价的四个组成部分缺一不可（计价货币、单价金额、计量单位和贸易术语），并正确使用贸易术语的变形；第二，如价格为含佣价，在价格中要体现佣金率；第三，总值有大、小写两部分，单价、数量和总值要吻合，计价货币要一致；第四，若交货数量允许有增减或用约量，则总金额也应允许有增减。

6. 装运条款

订立装运条款一般包括以下内容：第一，装运时间应规定某一段时间，装运期若受信用证限制时，要规定信用证开出和开到时间；第二，装运港、目的港一般由一方提出经另一方确认，港口的确定要明确具体名称，最好确定一个装运港和一个目的港，特殊情况下允许采用多港或选港的方法，但数量一般不超过3个，并且必须是在一个航线上邻近的港口，计算价格以运费最高的为基础；第三，力争采用允许转船的规定，

特殊情况可同意允许分批装运条款,但对等量分批装运的条件,接受时要特别慎重。

7. 保险条款

合同中的保险条款应与采用的贸易术语保持一致,保险条款包括四部分内容,即由哪方办保险、保险金额、险别以及以哪个保险条款为准。

8. 支付条款

(1)当采用跟单信用证支付时,应在合同中规定开证时间、开证行、信用证种类、金额、装运期、有效期、有效地点等内容。(2)采用托收方式时,要具体说明托收方式,是即期还是远期付款交单,或者是承兑交单。(3)采用汇付时,应在合同中明确规定汇付时间、汇付的方式。

9. 装运单据

合同中对于装运单的种类、份数和对单据的要求等应做出明确的规定。主要的单据有:(1)全套清洁的海运提单,注明运费到付,做成空白抬头,空白背书,通知目的港中国对外贸易运输公司;(2)商业发票5份,注明合同号和装运标志;(3)装箱单5份,注明装运重量、件数和有关发票的日期和编号;(4)出具的商检证书若干种类和份数;(5)装船后立即向买方发出已装船的通知电报(电传)1份;(6)其他有关的单据。

10. 商检条款

商品检验一般采取出口检验、进口方目的港复验的规定。经复验如发现品质、重量或数量与合同不符,并证明确属卖方责任的,则买方有权凭目的港检验机构出具的检验证明向卖方提出索赔。索赔条款的主要内容是提出索赔期限和依据等。

11. 不可抗力条款

不可抗力条款主要内容包括:不可抗力事故的范围;事故的后果;发生事故通知对方的方式;出具事故证明的机构等。

12. 仲裁条款

关于仲裁条款的规定,一种是由中国国际贸易促进委员会对外贸易仲裁委员会仲裁,另一种是由被告人所在国或第三国仲裁。内容主要包括有关合同的一切争议,应通过协商友好解决,如协商不能解决时应提交仲裁,规定仲裁机构名称,仲裁裁决是终局的,对双方均有约束力,以及仲裁费由谁承担等。

(二)签订合同应注意的问题

合同是一个法律文件,一旦签订对双方均有约束力,在签订合同时要特别注意以下几个问题:

(1)签订合同前要对市场状况、对方的资信、对方国家的法律和政策、贸易习惯等进行翔实的调查,避免盲目性。

(2)合同的条款要与磋商的内容一致,防止出现错列、漏列等问题。

（3）合同应规定开证时间，以防对方拖延开证，导致我方被动。

（4）要严格合同的订立形式。我国一般坚持采用书面的正式合同形式，要保存好书面合同的正本，直至合同履行完毕后一段时间才能另行处理。在拟订书面合同时，应使用规范的商业用语，遵循比较固定的条款模式，尽可能采用习惯用语，力求措辞准确严谨、行文简洁，不留漏洞，以避免引发分歧。

（5）订立对外合同时尽可能把合同条款订得完备、明确，并要逐条仔细核查，不出差错。

（6）合同要有法律适用条款。由于进出口贸易合同涉及不同国家的法律和国际法规、贸易惯例，为防止在执行合同时发生法律上的冲突，通常要在合同中订明该合同适用哪国的法律。

三、海运货物出口托运单流转程序

海运货物出口托运单的流转程序如下：

（1）托运人填制托运单提交外运公司。

（2）外运公司填制船只和舱位。

（3）外运公司将一联配仓单交出口公司，出口公司据以缮制报关单、投保等。

（4）出口公司将报关单随同所有报关单据交外运公司办理货物装船前的报关。

（5）船方根据出口载货清单和装货清单，编制货物积载图交外轮代理公司。

（6）外轮代理公司将积载图分送港区和理货公司。

（7）港区根据货物积载图，安排货物集港的日程和码头仓位，然后通知外运公司和出口公司。

（8）外运公司或出口公司根据港区通知，到外贸仓库提货，并将货物送到港区指定仓库。

（9）外运公司或出口公司报关员持整套报关单据及装、收货单向海关办理出口报关。

（10）海关验货后，在装货单上盖章放行，并将装、收货单退还外运公司或出口公司，由外运公司或出口公司将装、收货单及交纳出口货物港杂费申请书交理货公司。

（11）理货公司根据载货船只的到港时间以及外轮代理公司交来的单证编制装船计划，然后凭交纳出口货物港杂费申请书，通知港区将货物发至船边。

（12）港区接到理货公司通知后，立即将有关货物发至船边。

（13）理货公司理货员负责监督装船，具体核对唛头、件数、包装方式、货名与装、收货单及有关单据描述是否一致，并在装货单上填入实际装船日期、时间、所装舱位和数量，并签名后将装、收货单交船方和外轮代理公司。

(14) 船方收到装、收货单后,留下装货单作为随船货运资料,由大副在收货单上签字或作适当批注后退交托运人。

(15) 托运人收到大副收据后,即可凭此及预制好的提单到外轮代理公司换取正本"已装船提单"。

(16) 大副收货单上如无批注,外轮代理公司即可向托运人签发已装船清洁提单,并将提单副本交船方留作货运资料。

(17) 外轮代理公司将实际的出口载货清单与签发的提单核对无误后,分别交船方作为货运资料,交沿途各港及目的港代理作为进口舱单报关。

(18) 托运人持提单(以及其他单证)到议付银行办理结汇手续。

四、海运货物出口托运单的缮制

1. 托运人(SHIPPER)

一般情况下,填写出口公司的名称和地址。

2. 收货人(CONSIGNEE)

在信用证支付的条件下,对收货人的规定常有两种表示方法:

(1) 记名收货人。记名收货人是直接将收货人的名称、地址完整地表示出来。这时,收货人即是合同买方。但是记名收货人的单据不能直接转让,这给单据的买卖流通设下了障碍。故记名收货人的表示方法不常使用。

(2) 指示收货人。指示收货人是将收货人以广义的形式表示出来。常用空白指示和记名指示两种表达法。指示收货人掩饰了具体的收货人的名称和地址,使单据可以转让。在空白指示(不记名指示、空白指示)的情况下,单据的持有人可以自由转让单据。在记名指示情况下,记名人有权控制和转让单据。指示收货人的方法弥补了记名收货人方法的缺陷,但也给船方通知货方提货带来了麻烦。对此被通知人栏目作出补充。

3. 被通知人(NOTIFY PARTY)

此栏填写信用证中规定的被通知人。被通知人的职责是及时接受船方发出的到货通知并将该通知转告真实收货人,被通知人无权提货。

4. 托运单编号(NUMBER)

一般填写商业发票的号码。

5. 目的地(PLACE OF DELIVERY)

此栏目按信用证的目的港填写。填写时注意重名港口的现象,一般将目的港所在国家名称填写在这一栏目中。如果目的地是一内陆城市,这一栏目填写卸下最后一艘海轮时的港口名称。在计算运费时,是根据托运单的本项内容计算航程的。

6. 运输标志(SHIPPING MARKS)

此栏填写信用证或合同规定的唛头，若买卖合同或信用证中没有规定唛头，可填写 N/M。

7. 数量(QUANTITY)

托运单中的数量是指最大包装的件数。

8. 货物说明(DESCRIPTION OF GOODS)

对这一栏的内容允许只写大类名称或统称。

9. 重量(GOSS WEIGHT/NET WEIGHT)

重量应分别计算毛重和净重。

10. 尺码(MEASUREMENT)

该栏目填写一批货的尺码总数，一般单位为立方米。

11. 装运日(TIME OF SHIPMENT)

12. 期满日(EXPIRY DATE)

该栏目一般按信用证的规定填写。

13. 存货地

内容用中文填写。

14. 转船(TRANSSHIPMENT)

填写要求与分批一致，只能在"允许"或"不允许"两者中取一。

15. 分批(PARTIAL SHIPMENT)

按照合同或信用证条款填写。只能在"允许"或"不允许"两者中取一。

16. 运费(FREIGHT)

一般不显示具体运费，只填写"运费待付"或"运费预付/已付"。

17. 托运单日期

填写与发票的日期一样的内容，即开立发票的日期。

18. 提单正本份数

一般一式三份，三份正本提单同时有效(THREE ORIGINAL BILL OF LADING 或者 ORIGINAL BILL OF LADING IN THREE,FULL SET OF BILL OF LADING,指全套正本提单)。按照习惯，一般是指两份以上正本提单。

19. 提单副本的份数

一般是指出口企业留底份数＋寄单所需份数＋信用证对正本提单要求的份数。

20. 特别条款

根据信用证要求或合同要求有关运输方面的特殊条款。

21. 签字和盖章

经办人签字，出口企业盖章。其他项目如船名、提单号码等由船方或其代理人填写。

我国一些主要口岸的做法是将托运单、装货单、收货单、运费通知单等合在一起，制成一份多达 9 联的单据。各联作用如下：第一联由订舱人留底，用于缮制船务单证。第二、三联为运费通知联，其中一联留存，另一联随账单向托运人托收运费。第四联装货单经海关加盖放行章后，船方才能收货装船。第五联收货单及第六联由配舱人留底。第七、八联为配舱回单。第九联是缴纳出口货物港务费申请书。货物装船完毕后，港区凭此联向托运人收取港杂费。

第二节　保险出口基础知识

一、概述

出口货物在长途运送和装卸过程中，有可能会因自然灾害、意外事故或其他外来因素而导致受损。为了保障收货人在货物受损后获得经济补偿，一般在货物出运前，货主都会向保险公司办理有关投保事宜，并按合同或信用证要求仔细、认真地填写货物运输险投保单交给保险公司，保险公司若接受了投保，就签发给投保人一份承保凭证即保险单(Insurance Policy)。有时，出口方也可以出口货物明细单或出口发票副本来代替投保单，但必须加注如运输工具、开航日期、承保险别、投保金额或投保加成、赔款地、保单份数等内容。

当被保险货物遭受到保险凭证责任范围内的损失时，保险单是索赔和理赔的依据；在 CIF 合同中，保险单同时又是卖方向买方提供的出口结汇单据之一。保险单据有保险单、保险凭证和预约保单等，由于它只是保险人单方面签署的，所以只是保险人与被保险人之间订立保险合同的证明，而不是保险合同。其业务做法是投保人根据合同或 L/C 规定向保险机构提出投保要求(以传真等形式发送投保单/发票/货物明细单等)，保险机构或其代理同意后出具正式单据，一般为三正二副。除 L/C 另有规定，保险单据一般应做成可转让的形式，以受益人为投保人并由其背书。保险单(大保单)、保险凭证(小保单)、预约保险单(开口保单 Open Cover)、保险批单(Endorsement)和暂保单/承保条(Cover Note/slip)是较常见的种类。

二、缮制保单注意事项

1. 保单和保险凭证的关系

两者同效，前者有背面条款，较常见，如要求前者，不可以提供后者，如要求后者，提供前者不会有问题。

2. 预约保险单

多见于常有货物运输的公司或我国进口业务中,这样做的最大好处是:防止漏保、方便客户和不必逐笔洽谈保险条件。

3. FOB、CFR 出口卖方代保问题

如保险费用有保障,卖方可以按 L/C 或合同规定予以代办。

4. 避免业务中一律一切险的做法

应针对不同商品、按不同条款选择投保合适的险别。

5. 保险责任起讫时间

保险责任起讫时间规定为 W/W 不意味着这期间发生的损失保险公司都会赔偿(按 FOB 和 CFR 成交,装运前的风险由出口方负责)。

6. 正确使用中英文

投保单可以中英文混合填写,保单必须英文制作。

三、保险单填制方法

1. 保险公司名称(NAME OF INSURANCE COMPNAY)

应根据信用证和合同要求到相应的保险公司去办理保险单据,尤其在信用证支付方式下,如来证规定"INSURANCE POLICY IN DUPLICATE BY PICC",PICC 即中国人民保险公司,信用证要求由中国人民保险公司出具的保险单。

2. 保险单据名称(NAME)

此栏按照信用证和合同填制,如来证规定"INSURANCE POLICY IN DUPLICATE",即要求出具保险单而非保险凭证(INSURANCE CERTIFICATE)等。

3. 发票号码(INVOICE NO.)

此栏填写投保货物商业发票的号码。

4. 保险单号(NO.)

此栏填写保险单号码。

5. 被保险人(INSURED)

如信用证和合同无特别规定,此栏一般填信用证的受益人,即出口公司名称。

6. 标记(MARKS AND NOS.)

此栏填制装船唛头,与提单上同一栏目内容相同或填上"AS PER INVOICE NO. ×××"。

7. 包装及数量(QUANTITY)

此栏填制最大包装件数,与提单上同一栏目内容相同。

8. 保险货物项目(DESCRIPTION OF GOODS)

此栏填制货物的名称,一般使用统称即可,与提单上名称相同。

9. 保险金额(AMOUNT INSURED)

保险金额应严格按照信用证和合同上的要求填制,如信用证和合同无明确规定,一般都以发票金额加一成(即110%的发票金额)填写。

10. 总保险金额(AMOUNT INSURED IN CAPITAL)

这一栏目只需将第9栏中的保险金额以大写的形式填入,计价货币也应以全称形式填入。注意：保险金额使用的货币单位应与信用证中的一致,如应填 SAY UNITED STATES DOLLARS (U. S. DOLLARS)ONE THOUSAND TWO HUNDRED AND FIFTY-FIVE ONLY。

11. 保费(PREMIUM)

此栏一般由保险公司填制或已印好 AS ARRANGED,除非信用证另有规定,如"INSURANCE POLICY ENDORSED IN BLANK FULL INVOICE VALUE PLUS 10% MARKED PREMIUM PAID"时,此栏就填入"PAID"或把已印好的"AS ARRANGED"删去加盖校对章后打上"PAID"字样。

12. 费率(RATE)

此栏由保险公司填制或已印上"AS ARRANGED"字样。

13. 装载运输工具(PER CONVEYANCE S. S)

此栏应按照实际情况填写,当运输由两段或两段以上运程完成时,应把各种运输的船只名填在上面,如：提单上的一程船名是"EAST WIND",二程船名为"RED STAR",本栏应这样填：EAST WIND/RED STAR。以此类推。

14. 开船日期(SAILING ON OR ABOUT)

此栏填制提单的签发日期或签发日期前5天内的任何一天,或可简单填上 AS PER B/L。

15. 起讫地点(FROM . . . TO . . .)

此栏填制货物实际装运的起运港口和目的港口名称,货物如转船,也应把转船地点填上,如：FROM NINGBO,CHINA TO NEW YORK,USA VIA HONGKONG (OR W/T HONGKONG)。

注：有时信用证中未明确列明具体的起运港口和目的港口,如：ANY CHINESE PORT 或 ANY JAPANESE PORT,填制时应根据货物实际装运选定一个具的港口,如 SHANGHAI 或 OSAKA 等。

16. 承保险别(CONDITIONS)

此栏应根据信用证或合同中的保险条款要求填制。

如来证要求"INSURANCE POLICY COVERING THE FOLLOWING RISKS:

ALL RISKS AND WAR RISK AS PER CHINA INSURANCE CLAUSE(C. I. C)",制单时应打上"ALL RISKS AND WAR RISK AS PER CHINA INSURANCE CLAUSE(C. I. C)"。

  17. 赔款偿付地点(CLAIM PAYABLE AT...)

  此栏应按照信用证或合同规定填制,如无具体规定,一般将目的地作为赔付地点,将目的地名称填入这一栏目,赔款货币为投保险金额相同的货币。

  如来证要求"INSURANCE CLAIMS PAYALE AT A THIRD COUNTRY GERMANY",此时应把第三国"GERMANY"填入此栏。

  18. 日期(DATE)

  此栏填制保险单的签发日期。由于保险公司提供仓至仓服务,所以保险手续应在货物离开出口方仓库前办理,保险单的签发日期应为货物离开仓库的日期或至少填写早于提单签发的日期。

  19. 投保地点(PLACE)

  此栏一般填制装运港口名称。

  20. 盖章和签字(STMP & SIGNATURE)

  此栏盖与第一栏相同的保险公司印章,并由其负责人签字。

  21. 特殊条款(SPECIAL CONDITIONS)

  如信用证和合同中对保险单据有特殊要求就填在此栏中。如来证要求"L/C NO. MUST BE INDICATED IN ALL DOCUMENTS",即在此栏中填上 L/C NO. ×××。

  22. "ORIGINAL"字样

  《跟单信用证统一惯例》条款中规定,正本保险单上必须有"ORIGINAL"字样。

  23. 保险单的份数

  当信用证未明确规定保险单的份数时,保险公司一般出具一式五联的保险单,由一份正本(ORIGINAL)、一份复联(DUPLICATE)和三份副本(COPY)构成,出口公司一般提交给银行一套完整的保险单(包括一份 ORIGINAL,一份 DUPLICATE)。

  如来证要求"INSURANCE POLICY IN DUPLICATE"时,出口公司提交给议付行一份 ORIGINAL,一份 DUPLICATE。

  24. 保险单的背书

  海运保险单可以经背书而转让,保险单据被保险人背书后即随着保险货物的所有权的转移自动转到受让人手中。一般背书的方法有以下几种:

  (1) 空白背书(BLANK INDORSED)。空白背书只需在保险单的背面注明被保险人名称(包括出口公司名称和经办人的名字)即可。当信用证未明确规定哪种背书时,即使用空白背书。

(2) 记名背书。当来证要求 ENDORSED IN THE NAME OF×××或 DELIVERY TO(THE ORDER OF)×××CO. 时,即使用记名方式背书。记名背书需在保险单背面注明被保险人名称和经办人的名字后,打上 DELIVERY TO×××CO. 或 THE NAME OF×××字样(此种保险单不便于转让,较少使用)。

(3) 记名指示背书。当来证要求"INSURANCE POLICY ISSUED TO THE ORDER OF×××",此时在提单背面注明被保险人名称和经办人的名字后,再打上"TO ORDER OF×××"。

四、具体保险条款分析

1. INSURANCE POLICIES/CERTIFICATE IN TWO FOLD PAYABLE TO THE ORDER OF COMMERCIAL BANK OF LONDON LTD COVERING MARINE INSTITUTE CARGO CLAUSES A, INSTITUTE STRIKE CLAUSES CARGO, INSTITUTE WAR CLAUSES CARGO FOR INVOICE VALUE PLUS 10% INCLUDING WAREHOUSE TO WAREHOUSE UP TO THE FINAL DESTINATION AT SWEDEN, MARKED PREMIUM PAID, SHOWING CLAIMS IF ANY, PAYABLE IN GERMANY, NAMING SETTLING AGENT IN GERMANY. 根据上述规定,制作保单时应做到:两份正本,被保险人填写为"受益人 + HELD TO THE ORDER OF COMMERCIAL BANK OF LONDON LTD",险别为协会货物 A 险、罢工险和战争险,保险金额为发票金额加成 10%,含到目的地瑞士的仓至仓条款,标明保费已付,索赔地点在德国,列明设在德国的赔付代理人。

2. INSURANCE PLOICIES/CERTIFICATE IN TRIPLICATE ENDORSED IN BLANK FOR 110% OF INVOICE VALUE COVERING ALL RISKS AND WAR RISKS AS PER CIC WITH CLAIMS PAYABLE AT SINGAPORE IN THE CURRENCY OF DRAFT(IRRESPECTIVE OF PERCENTAGE), INCLUDING 60 DAYS AFTER DISCHARGES OF THE GOODS AT PORT OF DESTINATION (OF AT STATION OF DESTINATION) SUBJECT TO CIC. 其意思是:保单或保险凭证三份,做成空白背书,按发票金额的 110% 投保中国保险条款的一切险和战争险,按汇票所使用的货币在新加坡赔付(无免赔率),并以中国保险条款为准确定承保期限在目的港卸船(或在目的地车站卸车)后 60 天为止。

3. INSURANCE COVERED BY THE APPLICANT. ALL SHIPMENT UNDER THIS CREDIT MUST BE ADVISED BY THE BENEFICIARY AFTER SHIPMENT DIRECTLY TO PRAGATI INSURANCE LTD JUBILEE ROAD BRANCH, CHITTAGONG, BANGLADESH AND APPLICANT ALSO TO US

QUOTING OUR CREDIT NO. AND MARINE COVER NOTE NO. PIL/JBL/0102005 DATED AUG 01 2005 GIVING FULL DETAILS OF SHIPMENT AND COPY OF SUCH ADVICE MUST ACCOMPANY SHIPPING DOCUMENTS. 该 L/C 对保险单的要求是：申请人买保险。货装船后，受益人应发装船通知给 PRAGATI 保险公司（地址是孟加拉国吉大港 Jubilee 路支行）、申请人和开证行。通知上标明信用证号码、2005 年 8 月 1 日签发的暂保单的号码 PIL/JBL/0102005 和详细的装船信息，装船通知副本要随整套单据一并交银行。

第三节　出口报关实训

一、学习目的与要求

通过本次实训，使学生学会根据信用证或合同、商业发票和装箱单制作报关单和其他随附单据。要求：
(1) 正确选择报关单的类型；
(2) 注意报关单各栏目的填写规范；
(3) 完成制作后，要审单。

二、任务要求

根据下述提供单据，配齐出口报关所需的全套单证（要求格式清楚、内容完整）后模拟出口报关。

一般贸易报关所需报关资料：
(1) 报关委托单（一式两份，盖公章）；
(2) 货物出口报关单（一式两份，盖报关专用章，有的货物入海关监管仓需盖公章）；
(3) 装箱单（一式两份，盖公章）；
(4) 发票（一式两份，盖财务专用章或公章）；
(5) 销售合同正本（一式两份，盖合同专用章或公章）（注意有效期和企业代码和贸易条款，当贸易条款为 CIF 或 C&F 时，需提供买卖单价）；
(6) 其他必需的证书，如商检单、出口许可证等；
(7) 重柜纸（有的船公司需要，其中盐田一定要，蛇口有一部分船公司需要，比如 MSC，本案例的船公司则不需要）。

（一）信用证

信用证示例如下：

```
2010MAR22 10:18:11                              LOGICAL TERMINAL E110
MT S700          ISSUE OF A DOCUMENTARY CREDIT
                                                       PAGE 00010
                                                       FUNC MSG700
                                                       UMR 10881051
MSGACK    DWS765I AUTH OK, KEY B198081689580FC5, BKCHCNBJ RJHISARI RECORO
BASIC HEADER           F  10   BKCHCNBJA940 0588 551028
APPLICATION HEADER   0 700   1057 101020 RJHISARIAXXX 7277 977367 101013 1557 N
                             * ALRAJHI BANKING AND INVESTMENT
                             * CORPORATION
                             * RIYADH
                             * (HEAD OFFICE)
USER HEADER                  SERVICE CODE      110：
                             BANK. PRIORITY    113：
                             MSG USER REF.     108：
                             INFO. FROM CI     115：
SEQUENCE OF TOTAL      *  27   1 / 1
FORM OF DOC. CREDIT    *  40   IRREVOCABLE
                          A
DOC. CREDIT NUMBER     *  20   0101LC123756
DATE OF ISSUE             31   100620
                          C
DATE/PLACE EXP.        *  31   DATE 100505 PLACE CHINA
                          D
APPLICANT              *  50   NEO GENERAL TRADING CO.   P. O. BOX 99552,
                               RIYADH 22766，KSA
                               TEL：01106 - 1 - 4659220   FAX：01106 - 1 - 4659213
BENEFICIARY            *  59   KKK TRADING CO., LTD.
                               HUARONG MANSION RM2910 NO. 85 GUANJIAQIAO,
                               NANJING 210005，CHINA
                               TEL：0086 - 25 - 4715010   FAX：0086 - 25 - 4711363
AMOUNT                 *  32   CURRENCY USD AMOUNT 13260,
                          B
AVAILABLE WITH/BY      *  41   ANY BANK IN CHINA,
                          D    BY NEGOTIATION
```

(续表)

```
2010MAR22 10:18:11                         LOGICAL TERMINAL E110
MT S700            ISSUE OF A DOCUMENTARY CREDIT
                                                   PAG E00010
                                                   FUNC MSG700
                                                   UMR 10881051
MSGACK   DWS765I AUTH OK, KEY B198081689580FC5, BKCHCNBJ RJHISARI RECORO
DRAFTS AT ...          42   SIGHT
                   C
DRAWEE                 42   RJHISARI
                   A
                            * ALRAJHI BANKING AND INVESTMENT
                            * CORPORATION
                            * RIYADH
                            * (HEAD OFFICE)
PARTIAL SHIPMTS        43   NOT ALLOWED
                   P
TRANSSHIPMENT          43   NOT ALLOWED
                   T
LOADING ON BRD         44
                   A
                            CHINA MAIN FORT, CHINA
                       44
                   B
                            DAMMAM PORT, SAUDI ARABIA
LATEST SHIPMENT        44   100630
                   C
GOODS DESCRIPT.        45
                   A
                            ABOUT 1700 CARTONS CANNED MUSRHOOM
                            PIECES &. STEMS 24 TINS X 227 GRAMS NET
                            WEIGHT (G. W. 425 GRAMS) AT USD7.80 PER
                            CARTON. CFR DAMMAM PORT, SAUDI ARABIA.
                            ROSE BRAND.
DOCS REQUIRED          46
                   A
                            DOCUMENTS REQUIRED:
```

（续表）

2010MAR22 10:18:11　　　　　　　　　　　　　LOGICAL TERMINAL E110
MT S700　　　　　　ISSUE OF A DOCUMENTARY CREDIT
　　　　　　　　　　　　　　　　　　　　　　　PAGE 00010
　　　　　　　　　　　　　　　　　　　　　　　FUNC MSG700
　　　　　　　　　　　　　　　　　　　　　　　UMR 10881051
MSGACK　DWS765I AUTH OK, KEY B198081689580FC5, BKCHCNBJ RJHISARI RECORO

+ SIGNED COMMERCIAL INVOICE IN TRIPLICATE ORIGINAL AND MUST SHOW BREAK DOWN OF THE AMOUNT AS FOLLOWS: FOB VALUE, FREIGHT CHARGES AND TOTAL AMOUNT C AND F.

+ FULL SET CLEAN ON BOARD BILL OF LADING MADE OUT TO THE ORDER OF AL RAJHI BANKING AND INVESTMENT CORP, MARKED FREIGHT PREPAID AND NOTIFY APPLICANT, INDICATING THE FULL NAME, ADDRESS AND TEL NO. OF THE CARRYING VESSEL'S AGENT AT THE PORT OF DISCHARGE.

+ PACKING LIST IN ONE ORIGINAL PLUS 5 COPIES, ALL OF WHICH MUST BE MANUALLY SIGNED.

+ INSPECTION (HEALTH) CERTIFICATE FROM C. I. Q. (ENTRY-EXIT INSPECTION AND QUARANTINE OF THE PEOPLE's REP. OF CHINA) STATING GOODS ARE FIT FOR HUMAN BEING.

+ CERTIFICATE OF ORIGIN DULY CERTIFIED BY C. C. P. I. T. STATING THE NAME OF THE MANUFACTURERS OF PRODUCERS AND THAT GOODS EXPORTED ARE WHOLLY OF CHINESE ORIGIN.

+ THE PRODUCTION DATE OF THE GOODS NOT TO BE EARLIER THAN HALF MONTH AT TIME OF SHIPMENT. BENEFICIARY MUST CERTIFY THE SAME.

+ SHIPMENT TO BE EFFECTED BY CONTAINER AND BY REGULAR LINE. SHIPMENT COMPANY'S CERTIFICATE TO THIS EFFECT SHOULD ACCOMPANY THE DOCUMENTS.

(续表)

```
2010MAR22 10:18:11                              LOGICAL TERMINAL E110
MT S700            ISSUE OF A DOCUMENTARY CREDIT
                                                       PAGE 00010
                                                       FUNC MSG700
                                                       UMR 10881051
MSGACK   DWS765I AUTH OK, KEY B198081689580FC5, BKCHCNBJ RJHISARI RECORO
DD. CONDITIONS       47
                      A
                         ADDITIONAL CONDITION:
                         +A DISCREPANCY FEE OF USD50.00 WILL BE IMPOSED
                         ON EACH SET OF DOCUMENTS PRESENTED FOR
                         NEGOTIATION UNDER THIS L/C WITH DISCREPANCY.
                         THE FEE WILL BE DEDUCTED FROM THE BILL AMOUNT.
                         PAYMENT UNDER THE GOODS WERE APPROVED BY
                         SAUDI GOVERNMENT LAB.
                         + MORE OR LESS 10 PCT OF CREDIT AMOUNT IS
                         ALLOWED.
CHARGES              71  ALL CHARGES AND COMMISSIONS OUTSIDE
                      B  KSA ON BENEFICIARIES' ACCOUNT INCLUDING
                         REIMBURSING, BANK COMMISSION, DISCREPANCY
                         FEE (IF ANY) AND COURIER CHARGES.
CONFIRMAT INSTR *    49  WITHOUT
REIMBURS. BANK       53  //
                      D
                         AL RAJHI BANKING AND INVESTMENT CORP RIYADH
                         (HEAD OFFICE)
INS PAYING BANK      78
                         DOCUMENTS TO BE DESPATCHED IN ONE LOT BY
                         COURIER.
                         ALL CORRESPONDENCE TO BE SENT TO ALRAJHI
                         BANKING AND INVESTMENT COPRORATION RIYADH
                         (HEAD OFFICE)
SEND REC INFO        72  REIMBURSEMENT IS SUBJECT TO
                         ICC URR 525
TRAILER                  ORDER IS <MAC:> <PAC:> <ENC:> <CHK:>
                         <TNG:> <PDE:>
                         MAC: E55927A4
                         CHK: 7B505952829A
                         HOB:
```

（二）销售合同

销售合同示例如下：

SALES CONTRACT

SELLER: KKK TRADING CO., LTD.　　　　　　NO.: NEO2010106
　　　　　HUARONG MANSION RM2910 NO. 85　DATE: Feb. 28, 2010
　　　　　GUANJIAQIAO, NANJING 210005, CHINA　SIGNED IN: NANJING, CHINA
　　　　　TEL: 0086-25-4715010　FAX: 0086-25-4711363

BUYER: NEO GENERAL TRADING CO.
　　　　　P.O. BOX 99552, RIYADH 22766, KSA
　　　　　TEL: 01106-1-4659220　FAX: 01106-1-4659213

This contract is made by and agreed between the BUYER and SELLER, in accordance with the terms and conditions stipulated below.

1. Commodity & Specification	2. Quantity	3. Unit Price & Trade Terms	4. Amount
CFR DAMMAM PORT, SAUDI ARABIA			
ABOUT 1700 CARTONS CANNED MUSHROOMS PIECES & STEMS 24 TINS X 425 GRAMS NET WEIGHT (D.W. 227 GRAMS) AT USD7.80 PER CARTON. ROSE BRAND.	1700CARTONS	USD7.80	USD13260.00
Total:	**1700CARTONS**		**USD13260.00**

With	More or less of shipment allowed at the sellers' option
5. Total Value	USD THIRTEEN THOUSAND TWO HUNDRED AND SIXTY ONLY.
6. Packing	EXPORTED BROWN CARTON
7. Shipping Marks	ROSE BRAND 178/2010 RIYADH
8. Time of Shipment & means of Transportation	Not Later Than Apr. 30, 2010 BY VESSEL
9. Port of Loading & Destination	From: SHANGHAI PORT, CHINA To: DAMMAM PORT, SAUDI ARABIA
10. Insurance	TO BE COVERED BY THE BUYER.
11. Terms of Payment	The Buyers shall open through a bank acceptable to the Seller an Irrevocable Letter of Credit payable at sight of reach the seller 30 days before the month of shipment, valid for negotiation in China until the 15th day after the date of shipment.
12. Remarks	
The Buyer NEO GENERAL TRADING CO. (signature)	The Seller KKK TRADING CO., LTD. (signature)

（三）商业发票

商业发票示例如下：

KKK TRADING CO., LTD.
HUARONG MANSION RM2910 NO. 85 GUANJIAQIAO, NANJING 210005, CHINA

COMMERCIAL INVOICE

To:	NEO GENERAL TRADING CO. P.O. BOX 99552, RIYADH 22766, KSA	**Invoice No.**:	2010SDT010
		Invoice Date:	MAR. 29, 2010
		S/C No.:	NEO2010106
		S/C Date:	Feb. 28, 2010
From:	SHANGHAI PORT, CHINA	**To**:	DAMMAM PORT, SAUDI ARABIA
Letter of Credit No.:	0101LC123756	**Issued By**:	AL RAJHI BANKING AND INVESTMENT CORP.

Marks and Numbers	Number and kind of package / Description of goods	Quantity	Unit Price	Amount
ROSE BRAND 178/2010 RIYADH	CFR DAMMAM PORT, SAUDI ARABIA			
	CANNED MUSRHOOMS PIECES & STEMS 24 TINS X 425 GRAMS NET WEIGHT (D.W. 227 GRAMS) AT USD7.80 PER CARTON ROSE BRAND	1750CTNS	USD7.20/CTN FOB SHANGHAI	USD12600.00
			FREIGHT CHARGES USD0.60/CTN	USD1050.00
			USD7.80/CTN CFR DAMMAM PORT	**TOTAL VALUE**: USD13650.00
TOTAL:		1750CTNS		USD13650.00

SAY TOTAL: USD THIRTEEN THOUSAND SIX HUNDRED FIFTY ONLY.

KKK TRADING CO., LTD.
++++++

IN TRIPLICATE ORIGINAL

（四）装箱单

装箱单示例如下：

	KKK TRADING CO., LTD.					
	HUARONG MANSION RM2910 NO. 85 GUANJIAQIAO, NANJING 210005, CHINA					
	PACKING LIST					

To:	NEO GENERAL TRADING CO. P. O. BOX 99552, RIYADH 22766, KSA	Invoice No.:	2010SDT010
		Invoice Date:	MAR. 29, 2010
		S/C No.:	NEO2010106
		S/C Date:	Feb. 28, 2010
From:	SHANGHAI PORT, CHINA	To:	DAMMAM PORT, SAUDI ARABIA
Letter of Credit No.:	0101LC123756	Date of Shipment:	APR. 6, 2010

Marks and Numbers	Number and kind of package Description of goods	Quantity	Package	G.W	N.W	Meas.
ROSE BRAND 178/2010 RIYADH	CANNED MUSRHOOMS PIECES & STEMS 24 TINS X 425 GRAMS NET WEIGHT (D.W. 227 GRAMS) AT USD7.80 PER CARTON ROSE BRAND PACKED IN 1 × 20'FCL.	1750CTNS	1750CTNS	17850KGS	9534KGS	26.25 M³
	TOTAL:	1750CTNS	1750CTNS	17850KGS	9534KGS	26.25 M³

SAY TOTAL: ONE THOUSAND SEVEN HUNDRED FIFTY CARTONS ONLY.

KKK TRADING CO., LTD.

+++++

(MANUALLY SIGNED)

IN 1 ORIGINAL PLUS 5 COPIES

（五）换证凭单

换证凭单示例如下：

中华人民共和国出入境检验检疫
出境货物换证凭单

类别：口岸申报换证　　　　　　　　　　　　　编号：3201001010001068

发货人	KKK 国际贸易有限公司	标记及号码 ROSE BRAND 178/2010 RIYADH
收货人	×××	
品名	蘑菇罐头 24×425G	
H.S. 编码	2010.1101	
报检数/重量	—1 750 箱/17 850 公斤（毛重）	
包装种类及数量	纸箱—1 750—	
申报总值	—13 650—美元	
产地	江苏省徐州市	生产单位（注册号）	10320101
生产日期	2010/10	生产批号	5501
包装性能检验结果单号	321001081005836	合同/信用证号	NEO2010106/0101LC123756
		运输工具名称及号码	船舶
输往国家或地区	沙特阿拉伯	集装箱规格及数量	1750×20'FCL.
发货日期	2010—06—11	检验依据	合同、SN1000—1995
检验检疫结果	本批商品经按 QB1010—90 抽取代表性样品检验结果如下： 一、物理检验： 1. 外观无膨胀，无损坏，密封良好。 2. 罐外无锈，罐内壁无腐蚀，罐内无杂质。 3. 内容物，形状，块粒、色泽、香味正常 4. 净重 425 克，固形物大于等于 70%。 5. NACL：1.75%。 二、化学检验（重金属含量：每公斤制品中含量） 　　锡不超过 200 毫克　　　铜不超过 5 毫克　　　铅不超过 1 毫克　　　砷不超过 0.5 毫克 三、细菌检验：商业无菌。 结论：本批商品符合上述检验依据，适合人类食用。 　　　　　　　　　＊＊＊＊＊＊＊＊　　　　　　　（出入境检验检疫局检验检疫专用章） 签字：张天戟　　　　日期：2010 年 3 月 31 日		
本单有效期	截止于 2010 年 7 月 31 日		
备　　注	查验合格。		

(续表)

分批出境核销栏	日期	出境数/重量	结存数/重量	核销人	日期	出境数/重量	结存数/重量	核销人

说明：1. 货物出境时，经口岸检验检疫机关查验货证相符，且符合检验检疫要求的予以签发通关单或换发检验检疫证书；2. 本单不作为国内贸易的品质或其他证明；3. 涂改无效。

附：

KKK TRADING CO.，LTD.［企业编码：10320101］

NEO GENERAL TRADING CO.［企业编码：10330100］

益达货运代理有限公司（1032005244）

出口许可证号：04111NU123756

报关单：

申报号：（学生学号）006；备案号：C22104150889；主管海关：浦江海关（2201）；出口口岸：外港海关（2225）；企业性质：个体（6）；运输方式：江海运输（2）；运输工具名称 P&O NEDLLOYD CARACAS /V. PX155E；货主地区：上海浦东新区（31222）；申报单位：益达货运代理有限公司（1032005244）；监管方式：进料对口（0615）；结汇方式：电　汇（2）；证免性质：进料加工；纳税方式：地方；批准文号：014（＋学生学号）；运费/率：无；保费/率：无；杂费/率：无。

三、任务实施

（一）操作流程（如图3-1所示）

（1）了解出口报关的流程及相关注意事项，掌握进口报检需要提交的随附证单。

（2）根据任务要求准备出口报检资料。

图3-1　出口报关操作流程

(3)根据流程及对应岗位模拟完成本实训任务。

（二）操作步骤

1. 第一步：资料准备

(1) 登录系统,选择货代企业以及实训任务：出口报关单,"下一步"到角色选择界面,以"工厂关务部"——"出口关务员"进入系统,回到工作岗位。

(2) 双击待处理事项中的"商业发票" 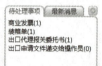 弹出单据后,点击"新增",按实训背景输入信息,存盘后关闭单据,然后完成"装箱单"和"出口代理报关委托书"的信息录入,如图3-2、图3-3和图3-4所示。

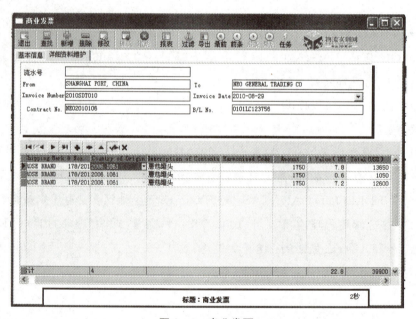

图3-2　商业发票

(3) 完成数据录入后,该角色操作完成。

2. 第二步：出口报关申请

(1) 点击切换角色,选择"报关部"——"报关员"进入系统,回到工作岗位。

(2) 双击角色待处理事项中的"申请出口报关"  进入单据选择框,如图3-5所示。

选中单据"OK",系统给出下一步的操作提示,如图3-6所示。

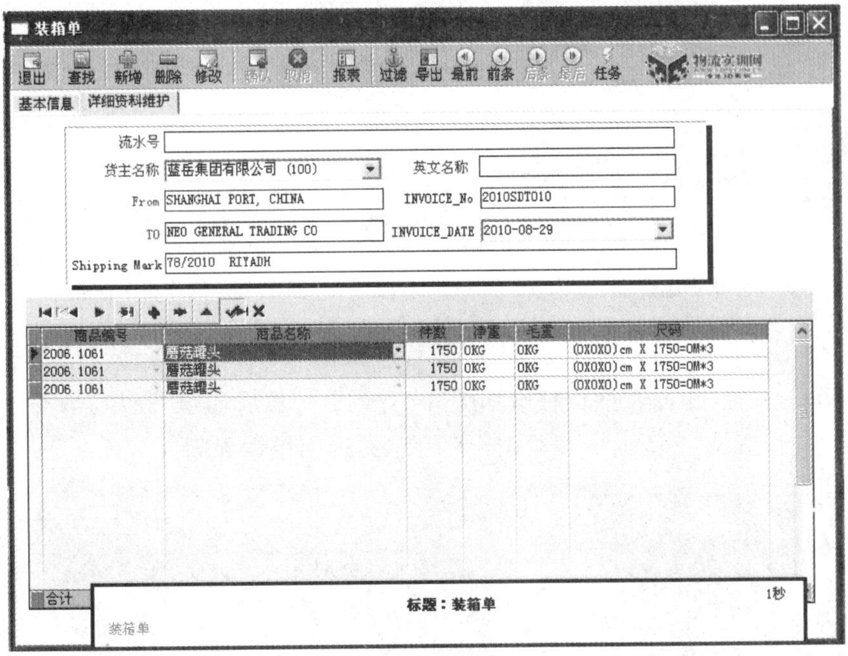

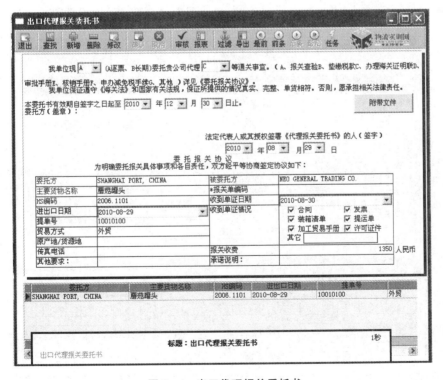

图3-3 装箱单

图3-4 出口代理报关委托书

第三章 3D运输国际货代平台教学模拟实训子系统概述

图3-5 单据选择框

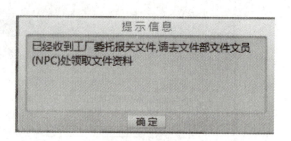
图3-6 操作提示信息

（3）根据提示信息，离开工作岗位（ESC），找到文件部文件文员 NPC，按住 Ctrl 键点击 NPC，选择"领取文件资料"（如图3-7所示），然后通过"新增"填写出口报关单（如图3-8、图3-9所示），填写完毕后存盘并退出单据界面。

图3-7 文件文员操作菜单

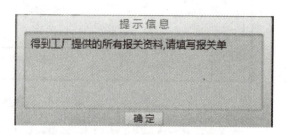
图3-8 填写报关单提示信息

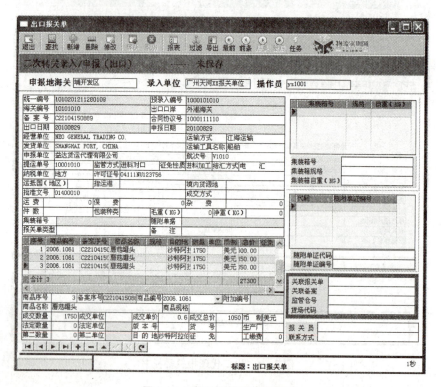
图3-9 出口报关单填写界面

(4) 退出报关单填写业务单据后,系统提示如图 3-10 所示。

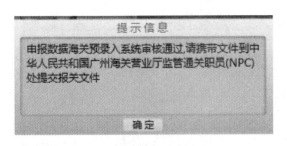

图 3-10 提交报关文件提示信息

图 3-11 监管通关职员操作菜单

此时,通过区域跳换,跳转到"广州海关营业厅",当场景加载完成后,找到监管通关职员,按住 Ctrl 键点击 NPC,选择"提交报关文件",如图 3-11 所示。

弹出提示如图 3-12 所示,表示该角色的实训操作完成,切换下一角色实训。

3. 第三步:出口报关审核

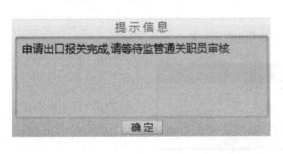

图 3-12 出口报关申请完成提示信息

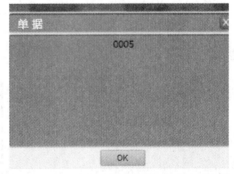

图 3-13 单据选择框

(1) 通过角色切换按钮"上一步"到企业任务选择界面,然后"下一步"到角色选择界面,选择"海关监管通关处"——"监管通关职员"进入系统,并回到岗位。

(2) 双击待处理事项中的"出口报关审核"  ,到单据选择框,如图 3-13 所示。

选中单据"OK"弹出报关员提交的报关单,如图 3-14 所示。

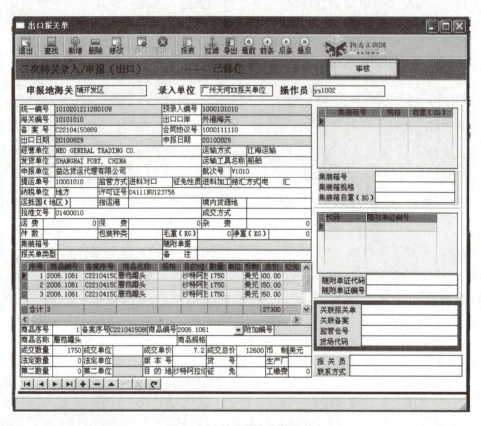

图 3-14 待审核出口报关单

（3）确认信息正确后，点击"审核"  ，选择提示"是"弹出审核后的报表，如图 3-15 所示。

关闭报表，该角色的操作完成，切换角色进行下一步操作实训。

4. 第四步：取单

（1）切换成货代企业的"报关部"——"报关员"登录系统。

（2）双击待处理事项中的"出口报关单领取" 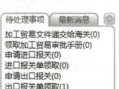 弹出单据选择框，如图 3-16 所示。

选中单据"OK"，弹出下一步操作提示，如图 3-17 所示。

主页

中华人民共和国海关出口货物报关

第 1 页 共 1 页　　　装卸口岸:

预录入编号: 1000101010　　　海关编号: 10101010

出口口岸 外港海关	备案号 C22104150889	出口日期 20100829	申报日期 20100829
经营单位 NEO GENERAL TRADING CO.	运输方式 江海运输	运输工具名称 船舶	提运单号 10001010
发货单位 SHANGHAI PORT, CHINA	贸易方式 进料对口	征免性质 进料加工	结汇方式 电　汇
许可证号 04111NU123756	运抵国（地区）	指运港	境内货源地
批准文号 01400010	成交方式	运费 0	保费 0	杂费 0
合同协议号 1000111110	件数 0	包装种类	毛重（公斤） 0	净重（公斤） 0
集装箱号	随附单据		生产厂家
备注			

项号	商品编码	商品名称	规格型号	数量	单位	国别	单价	总价	币制	用途	征免
1	2006.1061	蘑菇罐头		1750		沙特阿拉伯	7.2	12600	美元		
2	2006.1061	蘑菇罐头		1750		沙特阿拉伯	7.8	13650	美元		
3	2006.1061	蘑菇罐头		1750		沙特阿拉伯	0.6	1050	美元		

税费征收情况

录入员　　　　　　　　　海关审单批注及放行日期（签章）

　　　　　　　　　　　　审单　　　　审价

图 3-15　审核后的出口报关单

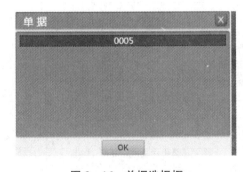

图 3-16　单据选择框

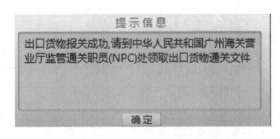

图 3-17　领取出口货物通关文件提示信息

（3）根据操作提示，找到并双击区域跳转列表中的"广州海关营业厅"。当场景完成加载后，找到监管通关职员 NPC，按住 Ctrl 键并点击 NPC，选择"领取通关文件"，如图 3-18、图 3-19 所示。

（4）当弹出如图 3-20 所示操作提示时，实训任务完成。

图3-18 监管通关职员操作菜单

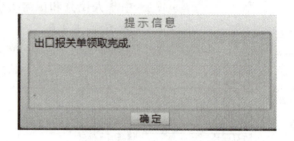

图3-20 出口报关单领取完成提示信息

中华人民共和国海关出口货物报关

*********主页*********　1010201211280109

第 1 页 共 1 页　　　　装卸口岸：

预录入编号：1000101010　　　海关编号：10101010

出口口岸 外港海关	备案号 C22104150889	出口日期 20100829	申报日期 20100829
经营单位 NEO GENERAL TRADING CO.	运输方式 江海运输	运输工具名称 船舶	提运单号 10001010
发货单位 SHANGHAI PORT, CHINA	贸易方式 进料对口	征免性质 进料加工	结汇方式 电汇
许可证号 04111NU123756	运抵国（地区）	指运港	境内货源地
批准文号 01400010	成交方式	运费 0	保费 0	杂费 0
合同协议号 1000111110	件数 0	包装种类	毛重（公斤）0	净重（公斤）
集装箱号	随附单据		生产厂家
备注			

项号	商品编码	商品名称	规格型号	数量	单位	国别	单价	总价	币制	用途	征免
1	2006.1061	蘑菇罐头		1750		沙特阿拉伯	7.2	12600	美元		
2	2006.1061	蘑菇罐头		1750		沙特阿拉伯	7.8	13650	美元		
3	2006.1061	蘑菇罐头		1750		沙特阿拉伯	0.6	1050	美元		

税费征收情况

录入员	海关审单批注及放行日期（签章）
	审单　　　审价
	征税　　　统计
	打印时间：16:19:48

图3-19 出口报关单

(三) 附件

查验通知单

中华人民共和国皇岗海关

查验通知单

（进口）记录单编号：011302814　（单证海关编号：011302814）

东莞市万航国际货运代理有限公司：

　　你单位于 2007 年 12 月 03 日所申报的如下货物，经审核现决定实施 B 级查验，请联系港务等相关部门做好准备，于 12 月 05 日派员配合海关查验。

　　特此通知

单证基本情况	报关单号：011302814　　运输工具号码：粤 ZAR63 港 申报件数：6　　包装种类：无包装　　毛重：390.00000　　净重：390.0000 经营单位：信宜市佰时通贸易有限公司　　收货单位：东莞真秀塑胶制品有限公司 申报单位：盐田国际集装箱码头有限公司　　贸易方式：0110						
	序号	商品编码	商品名称	申报数量	规格型号	原产地	总价
	1	8465990000	塑料打毛机	3.000	WT-300H	133	2400.000(USD)
	2	8465950000	塑料钻孔机	1.000	HCC-30V	133	7000.000(USD)
	3	8422400000	打包机	2.000	PAH-120	133	1600.000(USD)
集装箱信息	车牌 粤 ZAR63 港				是否查验 是		

联系人：　　　　　　　　联系电话：

经办关员：8323590

签收人：

皇岗海关（5301）

2007-12-05 17:14:18

注：海关查验通知单一式两联，第一联报单位留存，第二联海关留存。

第四节　进　口　报　关

一、学习目的与要求

　　报关又称申报，是指在货物进出境时，进出口商或其代理人向海关申报，请求办理货物进出口手续的行为。

报关必须由具有报关资格并经海关注册登记的"报关单位"办理。报关单位的报关员须经海关培训和考核认可，发给报关员证，才能办理报关手续。非报关单位的商品进出口须委托报关单位及其报关员办理报关手续。在报关时，要填写报关单，并交验海关所规定的各项单证。海关在接受报关后应予以申报登记，即对报关员交验的各项单证予以签收、报关单编号登记、批注接受申报日期。

通过本实训，训练学生掌握进口报关的基本知识与基本技能，掌握报关单的缮制，了解报关步骤和报关文件，使学生掌握报关业务工作的基本环节。

二、任务要求

1. 买卖双方公司简介

（1）买方——广州丽华纺织品进出口公司

    GUANGZHOU LIHUA TEXTILES IMP. & EXP. CORP.

    TEL NO：020 - 6575328

    FAX NO：020 - 6874231

    E-MAIL：njlihua@sina.com

广州丽华纺织品进出口公司是广州天河区一家知名的贸易公司，资信好，销售渠道多。

最近公司欲从加拿大进口一批女式套装，并已将询价单发给卖方。

（2）卖方——加拿大 MILA SPORTSWEAR INC（注册号：10020602）

    591 EAST LAMEN STREET，TORONTO，CANADA

    TEL NO：001 - 416 - 5321668

    FAX NO：001 - 416 - 6728491

    E-MAIL：MILA@yahoo.com

加拿大 MILA SPORTSWEAR INC 是专门从事纺织品及服装进出口业务的外贸公司，经营商品种类繁多，尤其在女式套装的出口上非常有优势。

买卖双方经过谈判，最终就1 000套女式套装（两种款式）达成交易。现出口商制作售货确认书传真给客户，并要求客户回签。

2. 模拟实训任务及资料

广州丽华纺织品进出口公司（注册号：10321607）委托益达货运代理有限公司（报检企业注册号：1032005244　联系人：刘益　联系电话：020 - 85774124）进行报关业务。请根据所提供的资料缮制报关委托书及报关单，模拟完成进口货物的报关及各角色任务题库中的题目。

(1) 销售确认书。

MILA SPORTSWEAR INC.　　　　　ORIGINAL

591 EAST LAMEN STREET, TORONTO, CANADA.

NO: FSK1008

SALES CONFIRMATION　　　JULY 25, 2010

Buyer: GUANGZHOU LIHUA TEXTILES IMP. & EXP. CORP.

Address: 88, LIHUA ROAD, TIANHE DISTRICT, GUANGZHOU, GUANGDONG, CHINA

TEL: 020-6575328　　　　FAX: 020-6874231

The undersigned Sellers and Buyers have agreed to close the following transaction according to the terms and conditions stipulated below:

NAME OF COMMODITY AND SPECIFICATION	QUANTITY	UNIT PRICE	AMOUNT
P.O. 585 50PCT NYLON/50PCT RAYON, WOVEN LADIES 2 PCE SUIT — JACKET L/S/FULLY LINED PANT W/BELT LOOPS STYLE 167C/168C LADIES 2PCE ENSEMBLE — TAILORED WAISTCOAT/SKIRT, STYLE FULLY LINED 585A/169C	500 SETS 500 SETS	FOB TORONTO PORT USD10/SET USD8/SET	 USD5 000.00 USD4 000.00 TOTAL VALUE: USD9 000.00

SHIPMENT　　　TO BE EFFECTED BEFORE THE END OF AUGUST, 2010
　　　　　　　　FROM TORONTO, CANADA TO

SHANGHAI, CHINA WITH PARTIAL SHIPMENT PROHABITTED AND TRANSHIPMENT ALLOWED.

PAYMENT　　　　TO BE MADE BY SIGHT L/C

PACKING　　　　PACKED IN HANGERS

MARKS & NOS. TORONTO-MILA-155

INSURANCE　　　TO BE COVERED BY THE BUYER
　　　　　　　　THE BUYER　　　　THE SELLER

(2) 信用证。

HSBC

MILA SPORTSWEAR INC

591 EAST LAMEN STREET, TORONTO, CANADA

DEAR SIRS,

IN ACCORDANCE WITH THE TERMS OF ARTICLE 7(A) OF UCP 500 WE ADVISE HAVING RECEIVED THE FOLLOWING TELETRANSMISSION FROM HSBC BANK CHINA

(SWIFT ADDRESS: HSBCCNGZ)

27	SEQ OF TOTAL:	1/1
40A	FORM OF DC:	IRREVOCABLE TRANSFERABLE
20	DC NO:	DC HMN 60283
31C	DATE OF ISSUE:	4 AUG10
31D	EXPIRY DATE AND PLACE:	16SEP10 IN COUNTRY OF APPLICANT
50	APPLICANT:	GUANGZHOU LIHUA TEXTILES IMP. & EXP. CORP.
		88, LIHUA ROAD, TIANHE DISTRICT
		GUANGZHOU, GUANGDONG, CHINA
59	BENEFICIARY:	MILA SPORTSWEAR INC
		591 EAST LAMEN STREET, TORONTO, CANADA
32B	DC AMT:	USD9 000.00
39A	PCT CR AMT TOLERANCE:	10/10
41D	AVAILABLE WITH/BY:	ANY BANK
		BY NEGOTIATION
42C	DRAFTS AT:	SIGHT FOR FULL INVOICE VALUE
42D	DRAWEE:	ISSUING BANK
43P	PARTIAL SHIPMENTS:	ALLOWED
43T	TRANSHIPMENT:	ALLOWED
44A	LOADING/DISPATCH AT/FROM:	
	VANCOUVER, CANADA	
44B	FOR TRANSPORTATION TO:	
	SHANGHAI PORT, CHINA	
45A	GOODS:	

    P.O. 585

    50PCT NYLON/50PCT RAYON, WOVEN

    LADIES 2PCE SUIT — JACKET L/S/FULLY LINED PANT W/ BELT LOOPS

    STYLE 167C/168C TTL500 SETS AT USD10/SET

LADIES 2PCE ENSEMBLE — TAILORED WAISTCOAT/SKIRT, FULLY LINED

STYLE 585A/169C TTL500 SETS AT USD8/SET

LATEST SHIP DATE AUGUST 30/10

46A DOCUMENTS REQUIRED:

+ COMMERCIAL INVOICE IN TRIPLICATE

+ FULL SET CLEAN MARINE BILL OF LADING, ISSUED BY WELLSTAR FREIGHT SYS TEMS INC. SHANGHAI, SHOWING ON BOARD NOTATION, MADE TO THE ORDER OF HSBC BANK GUANG ZHOU, MARKED FREIGHT COLLECT AND NOTIFY GUANGZHOU LIHUA TEXTILES IMP. & EXP. CORP. 88, LIHUA ROAD, TIANHE DISTRICT, GUANGZHOU, GUANGDONG, CHINA

+ PACKING LIST IN TRIPLICATE

+ BENEFICIARY'S CERTIFICATE CERTIFYING THAT WOODEN CRATES OR PALLETS WERE NOT USED.

+ ORIGINAL GSP CERTIFICATE OF ORIGIN FORM A ON OFFICIAL FORM PLUS ONE COPY

47A ADDITIONAL CONDITIONS:

ALL DOCUMENTS MUST BE IN ENGLISH. THE DRAFTS AND INVOICES MUST QUOTE THIS DOC. CREDIT NO. DC HMN60283, USD60/CAD85(OR EQUIVALENT) PER SET OF DOCUMENTS/PER SHIPMENT PLUS ALL RELEVANT CABLE CHARGES WILL BE DEDUCTED FROM EACH NEGOTIATION OF DISCREPANT DOCUMENTS UNDER THIS DOCUMENTARY CREDIT. NOTHWITHSTANDING ANY INSTRUCTIONS TO THE CONTRARY, THESE CHARGES SHALL BE FOR THE ACCOUNT OF THE BENEFICIARY.

ALL DOCUMENTS TO BE FORWARDED IN ONE LOT BY COURIER AT BENEFICIARY'S EXPENSE TO HSBC BANK OF GUANGZHOU, LIHUA TEXTILES IMP. & EXP. CORP., 88, LIHUA ROAD, TIANHE DISTRICT, GUANGZHOU, GUANGDONG, CHINA.

INSURANCE TO BE COVERED BY APPLICANT.

5 PERCENT MORE OR LESS IN QUANTITY AND DC AMOUNT

ACCEPTABLE.

MARKS AND NUMBERS ARE AS FOLLOWS:

MARKS & NOS. TORONTO - MILA - 155

CTN NO. QAX 67296/74921

WHEN THE NOMINATED BANK IS REQUESTED TO TRANSFER THE WHOLE OR PART OF THIS CREDIT WITHOUT SUBSTITUTION, THEN THE NAME OF THE TRANSFEREE MUST BE ADVISED TO THE ISSUING BANK BY TESTED TELETRANSMISSION, AND MUST CONFIRM THAT THE AMOUNT OF SUCH TRANSFER HAS BEEN ENDORSED ON THE CREDIT. ANY BANK, OTHER THAN THE ADVISING BANK, REQUESTED TO TRANSFER THIS CREDIT, MUST REQUEST THE PERMISSION OF THE ISSUING BANK BY TESTED TELETRANSMISSION. THIS PERMISSION, IF GRANTED, WILL BE GIVEN IN THE FORM OF A FORMAL AMENDMENT.

IT IS A CONDITION OF THIS CREDIT THAT FOR EACH DRAWING/PRESENTATION UNDER THIS CREDIT CONTAINING MORE THAN THREE SETS OF DOCUMENTS WE WILL VIEW EACH SET OF DOCUMENTS AS A SEPARATE PRESENTATION.

A CHARGE OF USD50.00 OR EQUIVALENT FOR EACH ADDITIONAL SET OF DOCUMENTS PRESENTED WILL BE DEDUCTED FROM PROCEEDS.

NOTHWITHSTANDING THE PROVISIONS OF UCP500, IF WE GIVE NOTICE OF REFUSAL OF DOCUMENTS PRESENTED UNDER THIS CREDIT WE SHALL HOWEVER RETAIN THE RIGHT TO ACCEPT A WAIVER OF DISCREPANCIES FROM THE APPLICANT AND, SUBJECT TO SUCH WAIVER BEING ACCEPTABLE TO US, TO RELEASE DOCUMENTS AGAINST THAT WAIVER WITHOUT REFERENCE TO THE PRESENTER PROVIDED THAT NO WRITTEN INSTRUCTIONS TO THE CONTRARY HAVE BEEN RECEIVED BY US FROM THE PRESENTER BEFORE THE RELEASE OF THE DOCUMENTS. ANY SUCH RELEASE PRIOR TO RECEIPT OF CONTRARY INSTRUCTIONS SHALL NOT CONSTITUTE A FAILURE ON OUR PART TO HOLD THE DOCUMENTS AT THE PRESENTER'S RISK AND DISPOSAL, AND WE

WILL HAVE NO LIABILITY TO THE PRESENTER IN RESPECT OF ANY SUCH RELEASE.

PLEASE PRESENT AN EXTRA COPY OF ALL DOCUMENT FOR ISSUING BANK'S RECORD AND RETENTION.

PRESENTATION OF DOCUMENT(S) THAT ARE NOT ON THEIR FACE IN COMPLIANCE WITH APPLICABLE ANTI-BOYCOTT, ANTI-TERRORISM AND ANTI-MONEY LAUNDERING LAWS AND REGULATIONS IS NOT ACCEPTABLE. APPLICABLE LAWS MAY INCLUDE UNITED NATIONS AND LOCAL LAWS.

71B　DETAILS OF CHARGES： ALL CHGS. OUTSIDE COUNTRY OF ISSUE FOR ACCOUNT OF BENEFICIARY/EXPORTER

48　PERIOD FOR PRESENTATION： WITHIN 15 DAYS AFTER THE DATE OF SHIPMENT BUT WITHIN THE VALIDITY OF THE CREDIT

49　CONFIRMATION INSTRUCTIONS：WITHOUT

78　INFO TO PRESENTING BK

THE AMOUNT OF EACH DRAWING MUST BE ENDORSED ON THE REVERSE OF THIS CREDIT BY THE NEGOTIATING BANK.

ON RECEIPT OF DOCUMENTS BY US IN TORONTO, CONFORMING TO THE TERMS OF THIS CREDIT, WE UNDERTAKE TO REIMBURSE YOU IN THE CURRENCY OF THIS CREDIT IN ACCORDANCE WITH YOUR INSTRUCTIONS. (PLS PROVIDE REIMBURSING BANK'S ABA NUMBER AND YOUR CHIPS UID NUMBER OR A/C NO.). PAYMENT CABLE CHGS ARE FOR BENEF'S ACCOUNT AND WILL BE DEDUCTED FROM BILL PROCEEDS.

57D　ADVISE THRU： THE INDUSTRIAL AND COMMERCIAL BANK OF CHINA GUANGZHOU BRANCH CHINA
　　　　　　　　 SWIFT：ICBKCNBJCZU

72　BK TO BK INFO： THIS DC CAN ONLY BE TRANSFERRED BY HSBC TORONTO OR THE INDUSTRIAL AND COMMERCIAL BANK OF CANADA TORONTO BR. CANADA

THIS ADVICE CONSTITUTES A DOCUMENTARY CREDIT ISSUED BY THE ABOVE BANK AND

SHOULD BE PRESENTED WITH THE DOCUMENTS/DRAFTS FOR

NEGOTIATION/PAYMENT/
ACCEPTANCE, AS APPLICABLE.
258651－AUTO－000.01－00
SWIFT ADDRESS：HKBCCATTMON

附：

① 汇票。（补充资料：汇票号码为 CKM45812）

② 发票、提单。

补充资料：B/L No：SOC 10791

Ocean Vessel Voy No：CHONG QING V5528

Gross Weight：1 120 kgs，Net Weight：1 120 kgs

Measurement：10 cbm，Packed in 1 000 Hangers

Container Seal No：QAX 67296/74921

No. of Original B(s)/L：THREE

③ 普惠制产地证。

补充资料：申请单位注册号：45617368

证书号：3976547

申领人：李兰

电话：6575328

申领日期：2010.8.10

④ 装箱单、受益人证明。

补充资料：STYLE：167C/168C、585A/169C。SIZE：6P、8P、10P、12P。

每种型号尺寸都为 125 套

⑤ 出口货物报关单。

补充资料：备案号：453217510

报关单号：DK1089271

预录入编号：455317522

运输工具名称：E00000MJVW4A/6151

H.S.编码：61142000

三、任务实施

（一）操作流程（如图 3-21 所示）

（1）了解进口报关的流程及相关注意事项，掌握进口报检需要提交的随附证单。

图 3‑21　进口报关操作流程

（2）根据任务要求准备出口报检资料。

（3）根据流程及对应岗位模拟完成本实训任务。

（二）操作步骤

1. 第一步：进口报关委托

（1）进入货代与报关管理系统后，登录用户，选择业务仿真系统，来到任务选择界面，在此选择"翔宇国际货运代理有限公司"→"实训任务四　进口报关"，如图 3‑22 所示。

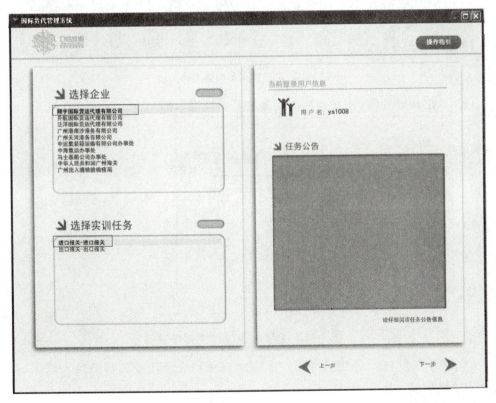

图 3‑22　任务选择界面

"下一步"到角色选择界面，以"工厂关务部"——"进口关务员"进入系统，点击 ，角色回到工作岗位，如图 3‑23 所示。

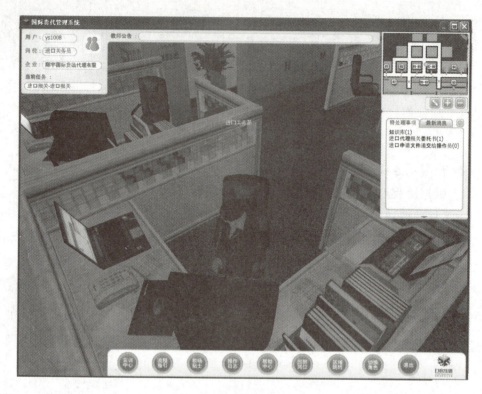

图 3-23　进口关务员回到工作岗位

（2）双击待处理事项中的"进口代理报关委托书"，如图 3-24 所示。

图 3-24　选择进口代理报关委托书

（3）弹出"进口代理报关委托书"，点击"新增"，按照任务的背景录入信息，存盘后关闭单据界面。如图 3-25 所示。

2. 第二步：申请进口报关

（1）点击切换角色，到角色选择界面，以"报关部"——"报关员"登录系统，进入后点击 ，角色回到工作岗位，如图 3-26 所示。

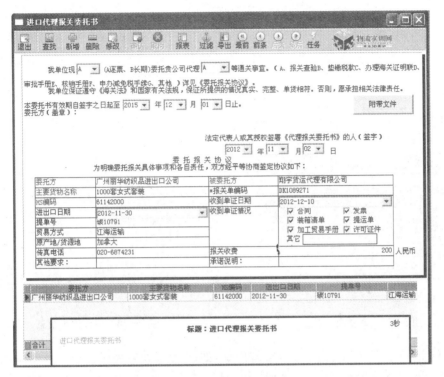

图 3-25 进口代理报关委托书

图 3-26 报关员回到工作岗位

(2)双击待处理事项中的"申请进口报关"  ,进入单据选择界面,如图3-27所示。

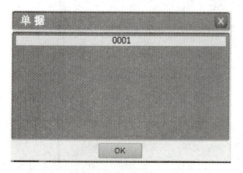

图3-27 单据选择框

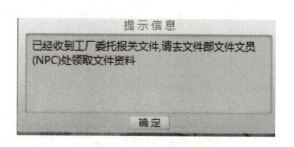

图3-28 操作提示信息

(3)选中单据"OK"系统弹出操作提示,如图3-28所示。

(4)根据信息提示,找到文件部文件文员NPC,按住Ctrl键同时点击NPC,选择"领取文件资料",如图3-29所示。

图3-29 文件文员操作菜单

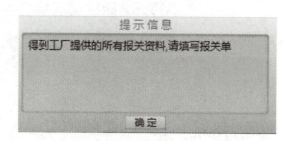

图3-30 填写报关单提示信息

点击"确定",系统弹出填写报关单的提示(如图3-30所示),点"新增",按照任务背景输入数据(如图3-31所示,输入商品信息时,点击 ,然后输入商品,确认信息完成点击旁边的勾 ,有多重操作就重复上述操作),输入完成后,存盘退出。

系统提示信息如图3-32所示,点"确定"。

(5)根据信息提示,点击 ,找到并双击"广州海关营业厅"角色跳转到相应的场景,如图3-33所示。

图3-31 进口报关单填写界面

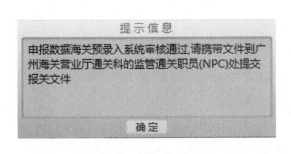

图3-32 提交报关文件提示信息

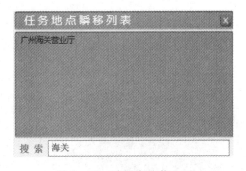

图3-33 选择海关营业厅

待场景加载完成后,如图3-34所示。

(6)找到监管通关职员NPC,按住Ctrl键同时点击监管通关职员NPC,选择"提交报关资料",如图3-35所示。

(7)当弹出如图3-36所示的信息提示时,该角色的操作完成,切换下一角色操作。

3.第三步:进口报关审核

(1)通过角色切换"上一步"回到企业任务选择界面,在此选择:中华人民共和国

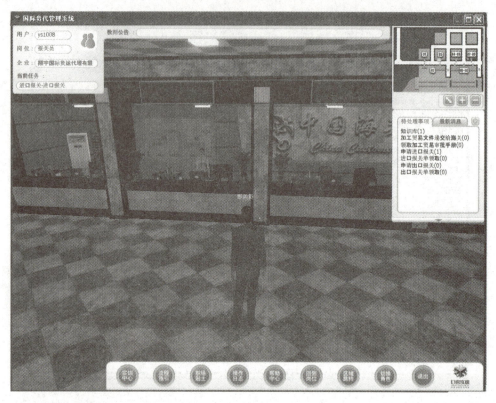

图 3-34 海关营业厅场景

图 3-35 监管通关职员操作菜单

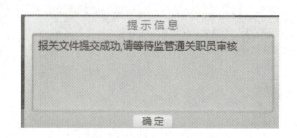

图 3-36 进口报关文件提交完成提示信息

广州海关→"实训任务四 进口报关","下一步"到角色选择界面,选择"海关监管通关处"——"监管通关职员"登录系统,然后回到岗位,如图 3-37 所示。

(2) 双击待处理事项中的"进口报关审核",进入单据选择框,如图 3-38 所示。

图 3-37 监管通关职员工作岗位

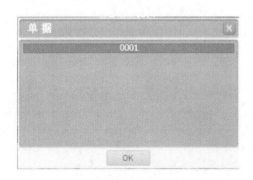

图 3-38 单据选择框

(3) 选中单据点击"OK",弹出需要审核的单据,如图 3-39 所示。

(4) 点击"审核"弹出提示 ,选择"是"弹出审核后的报表,如图 3-40 所示,同时该角色的实训操作完成。

图3-39 待审核进口报关单

图3-40 审核后的进口报关单

4. 第四步：取单

（1）点击角色切换"上一步"到企业任务选择界面，选择货代企业："翔宇国际货运代理有限公司"→"实训任务四 进口报关"，"下一步"到角色选择界面，以"报关部"——"报关员"登录系统，如图 3-41 所示，点击 。

图 3-41 报关员角色登录

（2）双击待处理事项中的"进口报关单领取"  进入单据选择框，如图 3-42 所示。

选中单据"OK"，弹出下一步操作提示，如图 3-43 所示。

（3）根据信息提示，通过双击 列表中"广州海关营业厅"跳转到相应场景，如图 3-44 所示。

场景加载完成，找到监管通关职员 NPC，如图 3-45 所示。

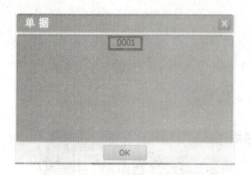
图3-42 单据选择框

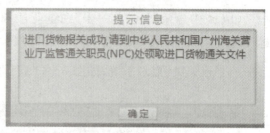
图3-43 领取进口货物通关文件提示信息

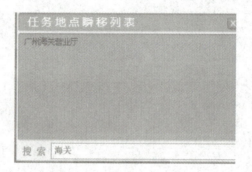
图3-44 选择海关营业厅

图3-45 海关营业厅场景

（4）按住 Ctrl 键点击监管通关职员 NPC，选择“领取通关文件”，如图 3－46、图 3－47 所示。

（5）当弹出如图 3－48 所示信息提示时，进口报关实训任务完成。

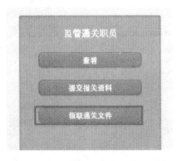

图 3－46　监管通关职员操作菜单

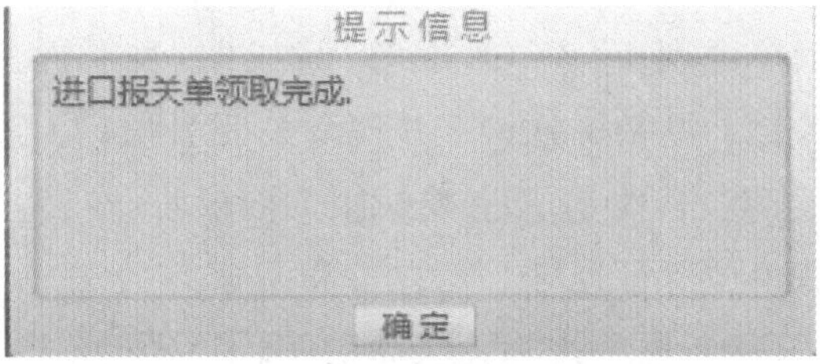

图 3－48　进口报关单领取完成提示信息

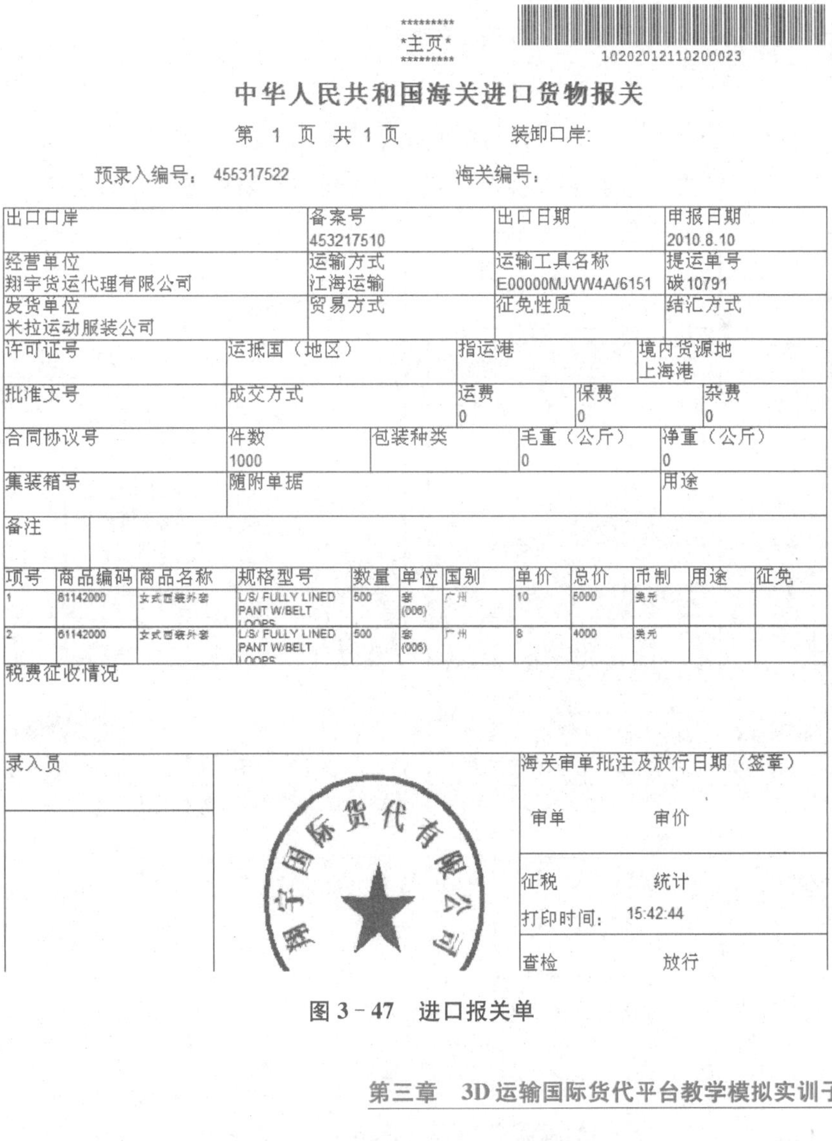

****
主页
****
10202012110200023

中华人民共和国海关进口货物报关

第 1 页 共 1 页　　装卸口岸:

预录入编号： 455317522　　海关编号：

出口口岸	备案号 453217510	出口日期	申报日期 2010.8.10
经营单位 翔宇货运代理有限公司	运输方式 江海运输	运输工具名称 E00000MJVW4A/6151	提运单号 碳10791
发货单位 米拉运动服装公司	贸易方式	征免性质	结汇方式
许可证号	运抵国（地区）	指运港	境内货源地 上海港
批准文号	成交方式	运费 0 / 保费 0	杂费 0
合同协议号	件数 1000 / 包装种类	毛重（公斤） 0	净重（公斤） 0
集装箱号	随附单据		用途
备注			

项号	商品编码	商品名称	规格型号	数量	单位	国别	单价	总价	币制	用途	征免
1	61142000	女式西裤外套	L/S/ FULLY LINED PANT W/BELT LOOPS	500	套(006)	广州	10	5000	美元		
2	61142000	女式西裤外套	L/S/ FULLY LINED PANT W/BELT LOOPS	500	套(006)	广州	8	4000	美元		

税费征收情况

录入员

翔宇国际货代有限公司

海关审单批注及放行日期（签章）

审单　　审价

征税　　统计

打印时间:　15:42:44

查检　　放行

图 3－47　进口报关单

(三) 附件

1. 报关委托书

代理报关委托书(正面)

代理报关委托书

编号：□□□□□□□□□

我单位现　　（A 逐票、B 长期）委托贵公司代理　　等通关事宜。（A 报关查验、B 垫缴税款、C 办理海关证明联、D 审批手册、E 核销手册、F 申办减免税手续、G 其他 ）详见《委托报关协议》。

我单位保证遵守《海关法》和国家有关法规，保证所提供的情况真实、完整、单货相符。否则，愿承担相关法律责任。

本委托书有效期自签字之日起至　　年　　月　　日止。

委托方（盖章）：

法定代表人或其授权签署《代理报关委托书》的人（签字）：

年　月　日

委托报关协议

为明确委托报关具体事项和各自责任，双方经平等协商签订协议如下：

委托方		被委托方		
主要货物名称		*报关单编码	No.	
HS编码	□□□□□□□□	收到单证日期	年　月　日	
进出口日期	年　月　日	收到单证情况	合同□	发票□
提单号			装箱清单□	提(运)单□
贸易方式			加工贸易手册□	许可证件□
原产地/货源地			其他	
传真电话		报关收费	人民币：	元
其他要求：		承诺说明：		
背面所列通用条款是本协议不可分割的一部分，对本协议的签署构成了对背面通用条款的同意。		背面所列通用条款是本协议不可分割的一部分，对本协议的签署构成了对背面通用条款的同意。		
委托方业务签章：		被委托方业务签章：		
经办人签章： 联系电话： 　　　年　月　日		经办报关员签章： 联系电话： 　　　年　月　日		

（白联：海关留存，黄联：被委托方留存，红联：委托方留存）　　　　中国报关协会监制

2. 到货通知单

ABC贸易公司　进口货物到货通知单 ABC Trading Company Advice of Arrival of Imports
到货编号(有关联系请用到货编号)： Note No. (Note No. Is used for inquiry)：　　　　　电话： 地址：　　　　　　　　　　　　　　　　　　　　　　Tel： Address：
进口口岸 Import Port
运输工具名称及号码 Means and Numberof Conveyance
进口日期 Import Date
贸易性质(方式)Nature/Mode of Trade
提单或运单号 B/L or Waybill No.
经营单位 Operating Agency
贸易国别(地区)Place & Country of Receipt
到站 Destination
订货部门 Sold To
原产国别(地区)Point & Country of Origin
收货单位 Consignee
合同(协议)号 No. of Contract/Agreement
外汇来源 Sources of Foreign Currency
装船标记 Shipping Marks
件数及包装种类 Number & Kind of Packages
毛重(公斤)Gross Weight（kg）
净重(公斤)Net Weight（kg）

3. 提货单

青岛中远集装箱船务代理有限公司
COSCO QINGDAO CONTAINER SHIPPING AGENCY CO., LTD.

提 货 单
DELIVERY ORDER

_____地区、场站　　　　SAME AS CONSIGNEE

收货人/通知方：TO ORDER OF QINGDAO MATSUDA　　　___年___月___日

船名 UMEKO	航次 0084W	起运港　神户	目的港　青岛
提单号 COSU7200700773	交付条款 CFS-CFS	到付海运费	合同号
卸货地点	到达日期 23/03/2004	进库场日期	第一程运输
货名	MATERIAL OF SWITCH	集装箱号/铅封号	
集装箱数	1×20′	CBHU00164290	101462
件数	10 PACKAGES		
重量	232.00 KG		
体积	4.03 M³		
标志			
CF20130GF QMCOM PSW0300 C/NO. 1-10			

请核对放货

青岛中远集装箱船务代理有限公司
凡属法定检验、检疫的进口商品，必须向有关监督机构申报。

收货人章	海关章		

第四章 3D连锁经营教学子系统概述

学习目标

本章主要对3D连锁超市经营管理系统的设计目标、设计原则、系统架构、系统业务流程及主要功能进行概述。通过本章认知连锁超市企业的主要业务类型及业务流程，了解连锁企业部门及岗位设置；了解系统中案例企业的背景；熟悉系统中所有实训设备；掌握不同角色的登录及切换，熟悉本系统中各菜单的功能。

第一节　系统背景与目标

一、系统设计背景

3D连锁经营实训模式参照"工学结合"的教育理念，对学生的考核进行新的尝试：变以往的"注重知识结构考核"为"能力标准考核"。与相关的连锁经营企业专家经过几轮的共同分析探讨，确立新的考核与教学体系，即：岗位要求→能力标准→培养目标→课程体系→职业技能→岗位应用→岗位要求。如此循环，使学生的学习始终围绕能力标准及岗位要求的核心展开。

这种实训方法的特点主要表现在：

（1）实训环境真实，物流要素齐全，提供现实中各类连锁经营企业的真实运作环境，融知识性与趣味性为一体，让学生在类似玩游戏的轻松操作中学到知识技能。

（2）颠覆传统，师生角色对换，学生行为主导，自主策划并完成任务；教师引导辅助、评价学生的执行过程和结果，提高学生的参与热情及主动性。

（3）学习的内容是工作，采用任务驱动、流程模拟，使工作岗位职责明确，变先学后练为边做边学，使学生通过工作实现学习，实操技能得到较快提高。

(4) 对每一任务的执行情况进行考核,加强了授课中的过程监控,真正达到考核的目的。

二、系统设计原则

1. 实训环境真实,物流要素齐全

提供现实中各类连锁经营企业的真实运作环境,包括真实写字楼、部门经理办公室、门店、总部配送中心、百货超市、收货、配送网点,以及真实城市、大街等众多场景。

2. 真实企业流程,实训材料实际

所有的实训场景要求以现实连锁超市企业的管理流程为核心设置,同时,配套提供详细的实训步骤书、企业原始表单、报表、企业实际运作VCD、组织结构图等众多材料,以确保深入理解现实企业的真实流程。

3. 界面操作简易,知识趣味一体

采用业界最流行的游戏操作界面,融知识性与趣味性于一体,让学生在类似游戏的轻松操作中,迅速理解并掌握现实各种类型连锁经营企业的管理流程、运作模式。在操作方式上,通过上下左右四个箭头,即使初学者也极易操作与控制。另外,还提供第一人、第三人称等多种视角,使学生更好地体会到现实企业各种操作的真实感受。整个系统使用极为方便,又富趣味性。

4. 实训效果易评,考核成绩详准

为教师提供一套完整的考核体系,其考核原理借鉴现实连锁经营企业的模式。各个系统的考核方法统分借鉴了现实连锁经营企业的管理方法,如超市购物、收银、盘点、线路安排、车辆调度、车辆配载等等。考核成绩相对客观,同时也增加了学生的动力,以及同学相互之间竞争的趣味性。

三、系统架构

(一) 功能模块

3D连锁经营管理系统主要由以下五大功能模块组成:

1. 连锁门店运营模块

以一家门店为背景,通过店长、店员、收银员、顾客及总部各角色的配合来协同工作,从而完成门店的日常运营管理。

2. 连锁总部采购与运营模块

通过总店管理中心、物流配送中心、门店零售管理等管理功能模块协作,学习超市、服务等连锁行业的运作流程和不同工作岗位的要求。

3. 连锁经营配送中心模块

以物流的仓储管理、配送管理、运输管理为背景,结合连锁企业案例,学习真实业务单据与业务流程操作。

4. 连锁经营管理模块

通过3D的技术,仿真地设计了一个商业街的虚拟环境,学生可以在场景中自由行走、漫游、观看,学习相应的岗位作业,更加系统地了解整个连锁经营业务流程,并且可以通过不同学生对不同的角色进行扮演,在班级之间形成互动,使整个实训过程更加的有趣。如:学生可通过仿真的POS机进行教学演示操作考评,掌握POS机的使用及其注意事项。

5. 连锁经营综合评测模块

按任务、企业、团队、角色实时对所有用户的操作情况、案例完成情况等进行评分。

6. 连锁经营实务综合实训模块

本模块可以与硬件设备结合配合教学。

(二) 组织架构

3D连锁经营管理系统的整体组织架构如下:

(1) 支持多混合业态的总体框架设计,支持大店带小店(超市卖场可作为便利店的配送中心),而且可以管理并出具小店进销存(即小店本身可以不用后台),白天可以是超市卖场而晚上同时可以是配送中心。

(2) 设计将总部、配送中心(纯配送、转配送、经过型)、区域中心、超市门店合成一个大系统,如图4-1所示。

(3) 程序和数据库均是统一的,3D中体现出总部、配送中心、区域中心、超市卖场等,还有带配送功能的超市卖场、带结算功能的一般门店,均可以实现。

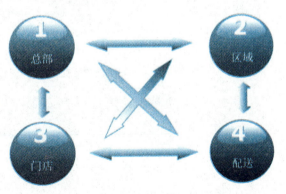

图4-1　3D连锁经营管理系统架构

四、系统业务流程

3D连锁经营管理系统将集团化企业的物流、资金流、人流、信息流紧密结合,让学生模拟实现对7-11便利店、OK便利店、好又多超市三种不同类型的连锁企业总部、分店的管理控制、物流配送、超市门店管理、智能决策分析、供应链管理等。本系统的主要业务模块有：档案中心、价格中心、促销中心、采购中心、库管中心、销售中心、配送中心、零售中心、会员中心、客服中心、生鲜管理、应收管理、应付管理、报表中心、系统管理、决策中心、预警中心、审批中心、财务管理、财务接口、人事资源等，如图4-2所示。

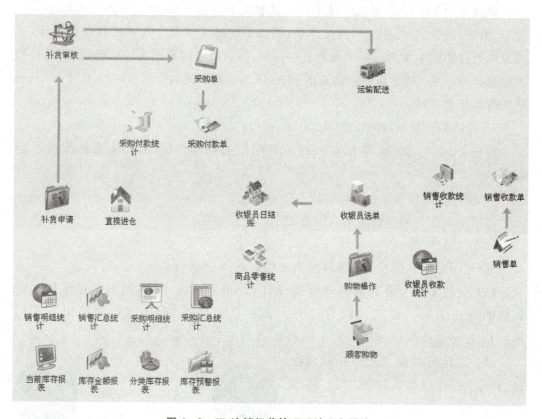

图4-2　3D连锁经营管理系统业务模块

系统基本业务流程如图4-3所示。

五、教学目标

1. 实训课程性质与任务

连锁经营在我国已有十几年的发展历史，目前我国连锁经营业发展迅猛，其商业业态涵盖百货商场、超市、专业店、专卖店、便利店以及折扣店等。中国加入WTO以后，许多国外的大型连锁企业陆续进入我国，使得企业之间的竞争更加激烈，同时也为新增就业岗位带来较大空间。

连锁经营管理专业适应行业发展的需要，定位于商业零售业的需要。本系统

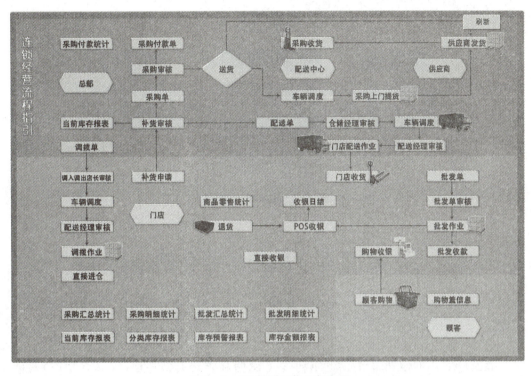

图 4-3 3D 连锁经营业务流程

依托行业企业,让学生在学校通过模拟现实的环境中反复实训,能够熟悉连锁企业门店、总部、配送中心营运管理中各岗位的工作内容、职责和要求,以团队经营、角色扮演的方式,掌握理货、收银、盘点、补货、调拨、采购等技能,初步具备门店经营定位、商品结构确定、商品促销等经营管理能力,培养及提高学生的专业能力、方法能力、社会能力和自主创业能力,在实训中获得宝贵的上岗经验,毕业后能迅速在各类连锁经营企业(超市、卖场、专业店、服务业等)从事市场调查研究、连锁推广、商务谈判、连锁采购业务、连锁经营操作、连锁店物流管理、公关与广告策划、连锁营销策划等第一线经营与管理基础工作。

2. 课程设计理念

课程开发思路如图 4-4 所示。

本课程以"工学结合"为教学理念,以"基于工作过程的课程开发"为指导,让学生在工作中学会学习,在学习中学会工作,如图 4-5 所示。

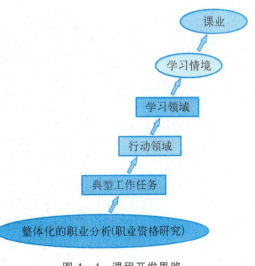

图 4-4 课程开发思路

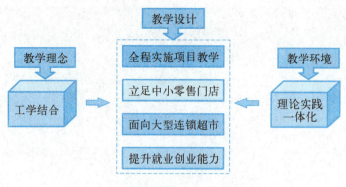

图 4-5 课程设计理念

第二节 系统功能介绍

一、岗位角色任务列表

系统中有小型便利店(7-11便利店、OK便利店)、大型超市(好又多超市)两种类型的企业,不同类型不同企业的运作模式和经营管理理念都不一样,学生能通过3D交互形式模拟至少28个企业角色,如表4-1所示。

表 4-1 3D连锁经营模拟实训岗位角色任务列表

序号	部门名称	岗位名称(角色名称)	岗 位 职 责
1	总经理	总经理	总经理是公司的最高负责人,行使公司最高决策权。总经理主要履行以下职责: (1) 执行董事会决议,主持全面工作,拟订和组织实施公司发展规划、年度经营计划,负责完成责任目标和年度计划。 (2) 全面负责、主持公司的日常经营、行政和业务活动,努力营造良好的公司内外部环境。 (3) 拟订公司的基本管理制度和制定公司具体规章,负责各项制度落实,严格纪律,树立正气。 (4) 聘任、解聘、调配公司副总经理及各阶层工作人员;拟订和组织实施公司内部管理机构设置方案。 (5) 对公司重大投资、经营活动正确决策,认真领导,杜绝重大事故、失误发生。
2	门店	店员	(1) 负责店内良好的销售业绩,及时向店长反馈。 (2) 维持店内各部门正常运转,处理异常情况。 (3) 协调与当地政府部门的公共关系。

(续表)

序号	部门名称	岗位名称（角色名称）	岗 位 职 责
2	门店	收银员	(1) 快速、准确地收取货款。 (2) 为顾客提供良好的服务，回答顾客咨询。 (3) 严格遵守唱收唱付的原则。 (4) 公司财产（收银机、验钞机、收银台、电脑等）的保养。 (5) 负责收银区前台的清洁卫生。
		店长	(1) 维持店内良好的销售业绩。 (2) 严格控制店内的损耗。 (3) 维持店内整齐生动的陈列。 (4) 合理控制人事成本，保持员工工作的高效率。 (5) 维持商场良好的顾客服务。 (6) 加强防火、防盗、防工伤、安全保卫的工作。 (7) 审核店内预算和店内支出。
3	采购部	采购员	(1) 在采购经理的直接领导下，严格按照公司规定的报价原则进行对外报价。 (2) 凡与经销产品相关的厂家代理资质、培训计划、促销政策、奖励、返点、厂家资源的掌握、价格体系更新等必须做到了如指掌，落实到人。 (3) 积极主动配合业务部门做好每个项目方案，并与业务部门达成共识。 (4) 严格按流程执行并每做到货比三家，控制降低采购成本，对供应商进行管理及考评，每年按一定比例更新供应商（形成表单）。 (5) 承担所负责区域产品项目的标书制作、现场答疑、评委协调等与投标有关一切事宜，对于临时应急在客户部不能给予支持的前提下，必须与用户进行深层感情沟通后再进行投标。 (6) 协助经理搞好供货渠道建设。 (7) 执行合同管理规定，要按时签订，不得延误，并在第一时间将合同传递给与项目相关的人员。 (8) 负责客户部项目执行中与技术部、财务部的协调及结算信息的传递。 (9) 综合调配公司库存资源，订货时掌握好实际库存和在途物料情况，在有库存的情况下要以先出库存为主。
4		采购经理	(1) 严格按照公司规定的报价原则进行对外报价。 (2) 确保每月的发票正常收回。 (3) 凡与经销产品相关的厂家代理资质、培训计划、促销政策、奖励、返点、厂家资源的掌握、价格体系更新等必须做到了如指掌，落实到人。 (4) 要积极主动配合业务部门做好每个项目方案，并与业务部门达成共识。 (5) 采购要严格按流程执行并做到货比三家，控制降低采购成本，对供应商进行管理及考评，每年按一定比例更新供应商（形成表单）。

(续表)

序号	部门名称	岗位名称（角色名称）	岗 位 职 责
4		采购经理	（6）密切与供应商的合作关系，做到投入、细致、深知，达到低价、快速、及时供货。 （7）严格执行合同管理规定，要按时签订，不得延误，并在第一时间将合同传递给与项目相关的人员。 （8）负责客户部项目执行中与技术部、财务部的协调及结算信息的传递。 （9）综合调配公司库存资源，订货时必须要了解当前库存情况，在有库存的情况下要以先出库存为主。 （10）负责门市产品选型、市场导向、宣传资料。 （11）组织本部门员工业务培训。
5	物流部	仓管员	（1）严格执行入库、发货手续，核实数量、规格、种类等是否与货单一致，及时入账。 （2）随时了解仓库的储备情况，有无储备不足或超储积压、呆滞和不需要现象的发生，并即时上报，做好日常盘点和月末盘点工作。 （3）定期上报不合格存货材料，并根据相关规定及时处理。 （4）严格做好在库管理工作，做好防火、防盗、防爆工作并保持库内清洁、整齐、空气流通；定期检查存货，防止存货变质。 （5）妥善保管好原始凭证、账本及各类文件，保守商业秘密。
		订单管理员	（1）订单录入及评审。 （2）订单信息统计、汇表。 （3）订单执行过程跟踪及协调。 （4）特殊处理订单协调及跟踪。
		质检员	（1）负责公司产品出售前的质量检查工作。 （2）负责对公司产品合格数的统计工作。 （3）负责产品率的分析工作。 （4）协助做好产品质量保证体系的标准。
		退货管理员	（1）严格按退货程序接收顾客要求退掉货物，配合电脑录入员登记货物信息。 （2）执行退货工作，负责退货区域的卫生清洁工作。 （3）及时清理各种退货，保证周转仓库的统分利用。
		仓储经理	（1）根据超市的销售能力，确定产品的标准库存量。 （2）定期编制采购物品的入货台账、退货台账及库存台账，报送财务部和采购部。 （3）组织人员保证材料库及成品库的仓储环境，确保库存产品的材质不变。 （4）制定并实成品库的管理制度和管理方法。

(续表)

序号	部门名称	岗位名称（角色名称）	岗 位 职 责
6	配送部	配送员	（1）负责日常进出货的管理与配送，按操作规范准确、高效地完成日常票据审批、账务处理。 （2）负责相关单据的保管与相关信息的传递工作。 （3）负责与工厂端的货品协调。 （4）负责相关报表统计分析和输出。
		配送经理	（1）规范、管理配送中心的操作流程，保证物品正常运转。 （2）负责配送中心人员管理及团队建设，合理调配车辆及人员。 （3）负责对配送过程中出现的问题进行分析、控制，制定改进计划，提升营运质量。 （4）负责对配送中心各项制度的传达及落实，逐步推进配送中心作业标准化的进程。 （5）负责对配送中心场地布局及设备配置等提出合理化建议。 （6）负责与公司各职能部门的沟通、协调，确保各项工作有序开展。 （7）负责配送过程中重大异常及突发事件的反馈、处理。
		调度员	（1）订单的受理和汇总工作。 （2）负责对订单作计划，并根据计划进行调度工作。 （3）负责对汇总后订单报销售部门。 （4）负责对物资的合理安排调度。 （5）负责物资运输调度工作。
7	客服部	客服文员	（1）认真听取客户对部门工作的意见或建议，受理客户投诉，做好跟踪服务至问题解决。 （2）及时做好回访工作并向部门反映回访情况。 （3）客户接待。 （4）文件的分类、编号、归档。每月定时整理文件档案。
		客服经理	（1）维持良好的服务秩序，提供优质的顾客服务，做好客户与公司沟通的桥梁。 （2）确保部门所有人员执行公司的礼仪礼貌的服务标准，树立良好的外部形象。 （3）确保本部门积极配合营销部门开展工作。 （4）建立并维护公司客服服务体系，建立客服信息管理系统，客户服务档案、跟踪和反馈。 （5）制订客户服务人员培训计划并组织实施，考核部门下属并协助制订和实施绩效改善计划。 （6）受理客户投诉。
8	企划部	促销管理员	（1）负责协助组织公司的各类促销活动。 （2）负责监督、审查、协调和整合各品牌商的促销活动。 （3）负责了解商场内厂商（专柜）的经营情况并进行沟通，做好厂商的资料收集工作，使厂商的促销活动与公司整体促销活动形成统一。 （4）负责检查和监督厂商（专柜）促销活动是否规范。

(续表)

序号	部门名称	岗位名称（角色名称）	岗 位 职 责
8	企划部	促销管理员	(5) 负责了解同行业的商业情况，做出市场调查和市场分析，并形成书面报告。 (6) 负责现场广告设置、发布、橱窗、灯箱、条幅、促销等工作的管理。 (7) 负责协调外部单位、品牌商对本公司活动的联办、协办、赞助等事宜。
		企划主管	(1) 负责建立营销企划管理规章制度并组织实施。 (2) 负责根据市场拓展或销售工作的需要，组织编制企划方案，并负责审核。 (3) 负责组织企划素材库的建立与创意管理工作。 (4) 负责企业品牌维护与运营管理工作。 (5) 负责企业公关活动与对外宣传工作的组织管理。 (6) 负责企划相关活动费用的控制。 (7) 负责企业广告策划与广告活动的管理工作。 (8) 负责部门内部管理工作。
9	督导部	督导员	(1) 确保直营店以及加盟店的销售工作进行。 (2) 对公司各项方针政策在直营店以及加盟店的执行情况负责。 (3) 对市场调研内容准确性负责。 (4) 对加盟商综合调研报告负责。 (5) 对加盟店选址可行性负责。
10	商品部	价格核定员	(1) 所有商品销售价格的核定。 (2) 掌握商品标价的知识，正确标好价格。
		商品管理员	(1) 维护商场正常的经营秩序。 (2) 确保商场及业户的生命财产安全。 (3) 填写工作笔记和工作日报表。 (4) 商品的录入及电脑维护。
11	财务员	财务会计	(1) 收集各种会计原始凭证，做好记账、算账、报账和财务分析工作，协助出纳做好各项收费工作的具体实施。 (2) 做好教职工福利、医疗保险、失业保险、住房公积金、工会经费的计提、转存工作，负责计财处的考勤及上报工作。 (3) 负责管理各种会计档案、文书，财务专用章及法人财务印鉴的管理，负责各种收费票据的管理，包括按计划领取、保管、发放、清收、汇缴等工作。
		财务经理	(1) 依据公司的财务管理政策，组织公司会计核算、财务管理工作。 (2) 控制公司成本费用；分析公司财务状况。 (3) 具体实施财务审计工作。

(续表)

序号	部门名称	岗位名称（角色名称）	岗 位 职 责
12	人事部	人事专员	(1) 参与公司招聘、培训、绩效管理、考勤等工作。 (2) 参与公司行政、采购事务管理。 (3) 办理全体职员工工资、奖金、交通费及各种津贴的评定调整工作及管理工作。 (4) 办理职工请假、休假、探亲和退休事宜,并做好管理工作。 (5) 负责编制全体职员的花名册。 (6) 按时做好月报,年报及其他各种报表的填报工作,做到实事求是,正确整洁,如实上报,并妥善保管原始资料。 (7) 协助人事行政经理完成公司人事行政事务管理。
		人事经理	(1) 协助总经理决定公司劳动人事政策,负责研究贯彻执行公司劳动人事诸方面的方针、政策、指令、决议。 (2) 就公司重大人事任免事项提供参考意见,负责拟订机构设置或重组方案、定编定员方案的上报。 (3) 负责拟订每年的工资、奖金、福利等人力资源费用预算和报酬分配方案,上报公司批准后按计划执行。 (4) 负责审核员工录用、晋升、调配、下岗、辞退、退休、培训、考绩、惩罚意见,并提交总经理决定。 (5) 负责审核户口调动、职称评定、出国审查、住房分配等重大事项的方案,并提交总经理决定。 (6) 负责编订和修改公司各项劳动、人事、劳保、安全、保险的标准、定额和工作计划,并及时监督、检查其执行情况。 (7) 负责指导、管理、监督人事部下属人员的业务工作,改善工作质量和服务态度,做好下属人员的绩效考核和奖励惩罚事项。
13	市场部	市场专员	(1) 拟订并监督执行市场调研计划。 (2) 规范公司业务文书系统。 (3) 指导各区域经销商和专卖店的销售活动。 (4) 建立健全营销信息系统,制定内部信息、市场情报收集、整理、分析、交流及保密制度。 (5) 正确地选择广告公司,负责企业各项产品、公关活动的策划与执行。
		市场经理	(1) 全面计划、安排、管理市场部工作。 (2) 制定年度营销策略和营销计划,拟订并监督执行市场规划与预算。 (3) 协调部门内部与其他部门之间的合作关系。 (4) 指导、检查、控制本部门各项工作的实施。 (5) 制定广告策略和定年、季、月度广告费用计划。 (6) 对市场进行科学的预测和分析,并为产品的开发、生产及投放市场做出准备。 (7) 与采购、财务等部门共同进行产品商业化运作企划;拟订并监督执行新产品上市计划和预算。

(续表)

序号	部门名称	岗位名称（角色名称）	岗 位 职 责
14	信息部	IT主管	(1) 为IT安全和控制目的，制定及维护IT制度、步骤和过程。 (2) 根据企业的业务需求，选定企业信息化建设的技术方案。 (3) 参与企业内部大型软件开发系统的设计规划工作。

二、系统登录界面

在系统选择界面，选择"连锁经营管理系统"，如图4-6所示。

图4-6 选择系统界面

用户登录界面如图4-7所示。

在此输入学生登录的用户名、密码后，根据任务需要选择不同系统进入，如图4-8—图4-11所示。

➤ **业务仿真系统**

■ 按每个角色分任务，学生个人单独完成一个作业任务。除登录的角色外，其他角色为NPC（电脑角色）配合。

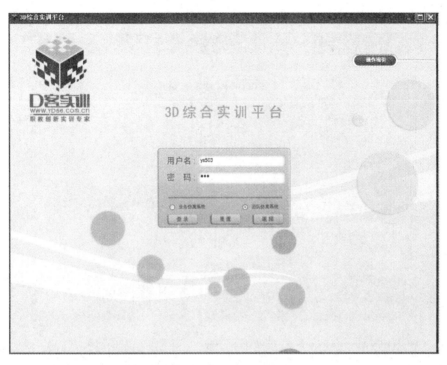

图 4-7 用户登录界面

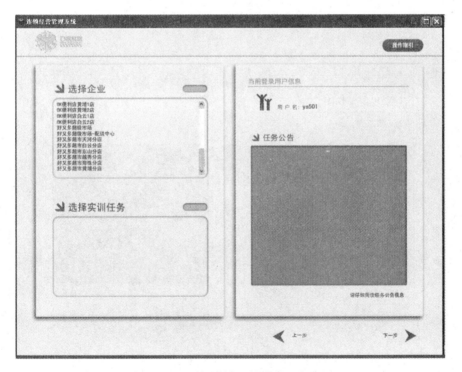

图 4-8 "业务仿真系统"选择任务界面

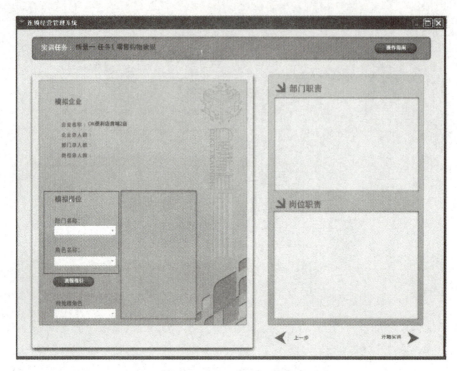

图 4-9 "业务仿真系统"选择角色界面

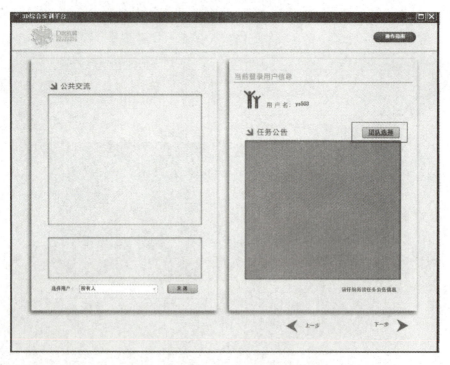

图 4-10 "团队仿真系统"选择团队界面

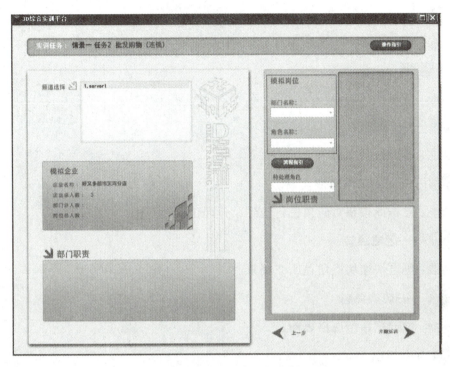

图 4-11 "团队仿真系统"选择角色界面

➢ 团队仿真系统

■ 按班级(团队)选择一个任务,一个团队共同协作完成一个任务。

三、系统菜单

1. 主菜单(如图 4-12 所示)

图 4-12 主菜单

——实训中心

功能:角色的所有实训功能都在这个菜单中。

——流程指引

功能:查看业务流程图。

——职场贴士

功能:查看与本任务相关的实用技巧和相关文摘。

──操作日志

功能：记录查看用户的操作日志。

──地图

功能：显示系统的地图及当前所在位置（右上角）。

──帮助

功能：查看帮助文档。

──回到工作岗位

功能：点击此按钮对应角色将坐到工作岗位开始工作。

──区域跳转

功能：能进快速切换角色所在场景。

──切换角色

功能：返回到角色选择界面。

──退出

功能：退出系统。

2. 其他菜单

➢**待处理事项框**（图4-13）

功能：显示最新公告和系统动态信息标题，双击标题即可查看相关信息。

➢**信息框**（图4-14）

功能：用户可在此输入信息相互交流。

➢**地图**（图4-15）

功能：查看大地图[点击   ]，放大、缩小地图[点击   ]。

图4-13　待处理事项框

图4-14　信息框

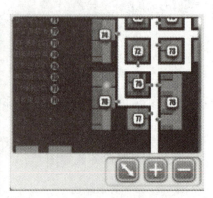

图4-15　地图

第三节　连锁超市实训

一、实训目的

本次实训目的如下：
（1）掌握分店补货配送业务流程。
（2）掌握配送流程（如图 4-16 所示），熟练完成货物的配送作业。

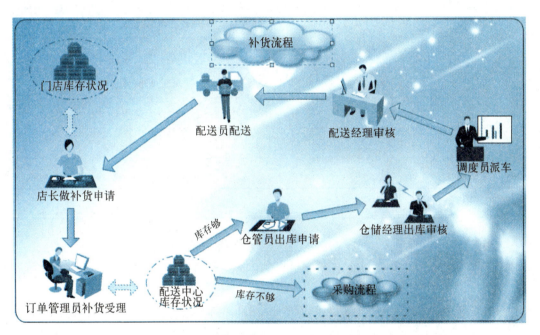

图 4-16　申请补货配送业务流程图

二、任务描述

好又多海珠分店向好又多配送中心申请"200 克八宝菊花茶"补货配送，如表 4-2 所示。

表 4-2　门店申请补货配送信息

商品编号	商品名称	数　量
0601012	200 克八宝菊花茶	100

三、实训单据(如表 4-3 所示)

表 4-3　不同岗位角色实训单据

角　色	单　据
店　长	补货申请
订单管理员	接收补货申请单
仓管员	执行发货
仓储经理	审核出库
调库员	车辆申请
配送经理	审批车辆申请
配送员	执行配送作业
发货员	执行装货作业
店　长	配合收货

四、操作步骤

1. 步骤 1：店长补货申请

（1）选择此次门店实训课题，选择登录门店：部门职位  "超市门店"，再选取角色 "店长"，进入系统；点击 。

(a) "店长"双击 中的 ，弹出 任务选项窗口（如图 4-17 所示）。

(b) 点击 ，根据信息框提供的补货任务信息填写"补货申请"后（如图 4-18 所示），点击 弹出提示。

(c) 点击"是"，完成补货申请。

2. 步骤 2：订单管理员补货受理

（1）登录"好又多超级市场"，选择登录门店：部门职位 "商品部"，再选取角色 "订单管理员"，进入系统；点击 。

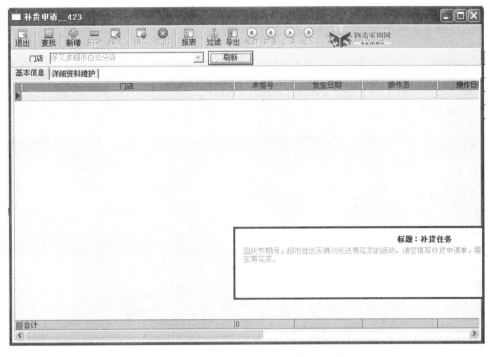

图 4-17　销售门店的补货功能申请表

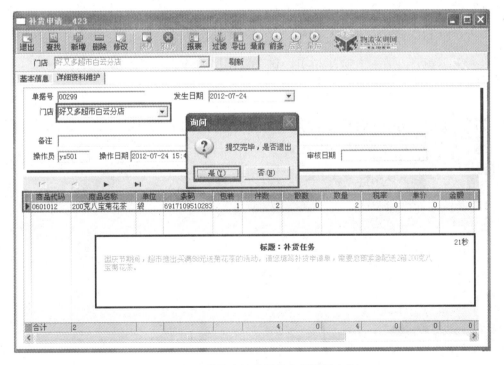

图 4-18　补货申请单据信息的详细介绍

（2）"订单管理员"双击 待处理事项 中的 补货审核(1)，弹出"对应单据"选项窗口，直接选中"单据"后，点击"OK"；弹出 补货申请 ，如图4-19所示。

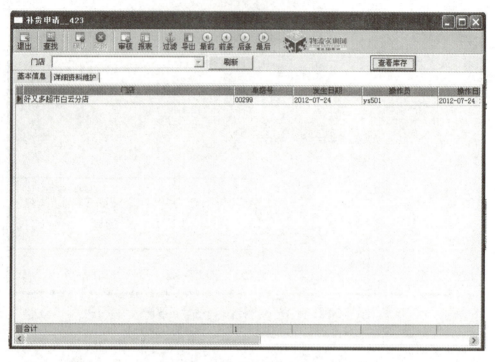

图4-19　检查补货申请

（3）双击打开查看补货申请单。检查补货单据的详细信息后，点击 查看库存 ，再点击 刷新 按钮，查看库存数量是否够此次申请补货（如图4-20所示）。

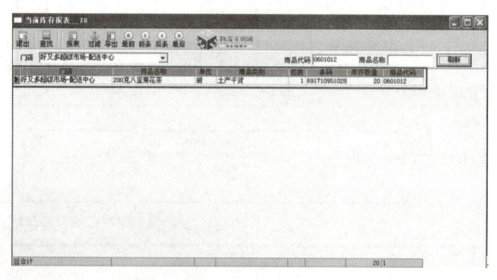

图4-20　仓库库存查验表

（4）查阅好库存信息后，点击 ![退出], 回到补货申请窗口，点击 ![审核] 进行审核，如图4-21所示。

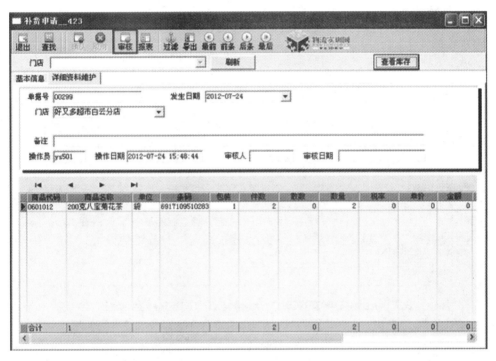

图4-21　补货申请通过审核过滤

（5）弹出提示信息（会再次提示根据库存是否够数量，而进行下一环节操作说明），点击 ![是(Y)] ，图4-22所示。

图4-22　提示信息的询问环节

（6）弹出提示信息（如果库存数量不够，将是企业向外的供应商申请采购；要是库存够，将直接由企业安排配送中心进行配送）

（7）前面查看过库存，若库存不够，则点击 ![是(Y)] ，单据自动流转到"采购员"处，需要采购后才能配送。若库存够，则点击 ![否(N)] ，单据自动流转到"仓储经理"

处,安排出库。

(8) 点击"是或否"弹出提示信息:"审核"完成,点击 [OK] ,再点击 [退出] 。

3. 步骤3:库存不够,采购申请

4. 步骤4:库存够,仓管员出库申请

(1) 切换角色:"好又多超级配送中心",选择登录门店:部门职位 "物流部",再选取角色 [角色名称] "仓管员",进入系统;点击 [固定岗位] 。

(2) "仓管员"双击 [待处理事项] 中的 [补货申请单转为配送单(1)],弹出 [门店配送] 窗口,点击 [新增] —— [确认] ,先执行申请"门店配送",如图4-23所示。

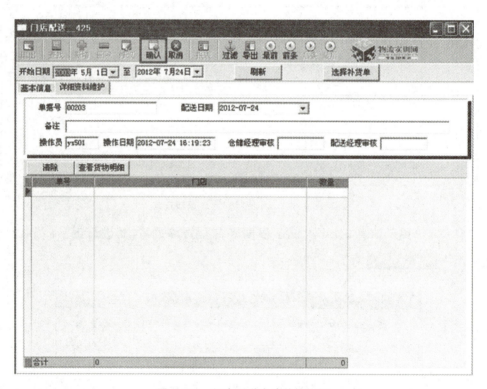

图4-23 门店配送申请单的执行

(3) 再点击 [修改] —— [选择补货单] 按钮,在弹出的窗口中选择这次需要配送出库的单据,后点击 [确认] (可以根据条件要求选择门店配送的货物信息;也可同时新增多家门店的配送单,一同配送到多家门店),如图4-24所示。

(5) 选择完门店补货申请配送单后,点击 [确认] —— [退出] 。

5. 步骤5:仓储经理做出库审核

(1) 切换角色:"好又多超市配送中心——物流部——仓储经理",点击 [固定岗位] 。

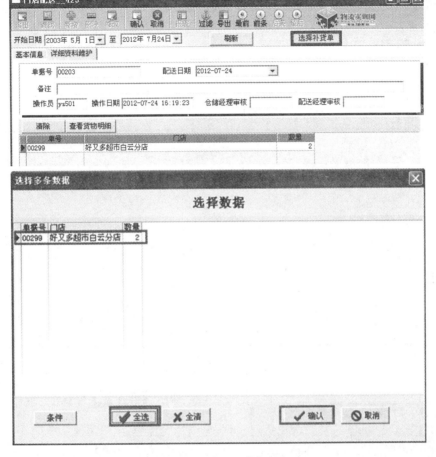

图 4-24 选取配送信息表

(2)"仓储经理"双击 待处理事项 中的 门店配送审核(1),弹出"单据"窗口,直接选中"对应单据"后,点击"OK"。

(3)弹出" 门店配送 ",双击"单据号"查验其信息是否正确,如图 4-25 所示。

(4)查看出库配送信息,没疑问后,点击 审核 ,弹出"仓储经理审核完成";点击 OK ,完成出库审核。

6. 步骤 6:调度员车辆调度

(1)切换角色:"好又多超级市场配送中心——配送部——调度员",点击 。

(2)"调度员"双击 待处理事项 中的 门店配送车辆调度(1),弹出"单据"窗口,直接选中"对应单据"后,点击"OK",如图 4-26 所示。

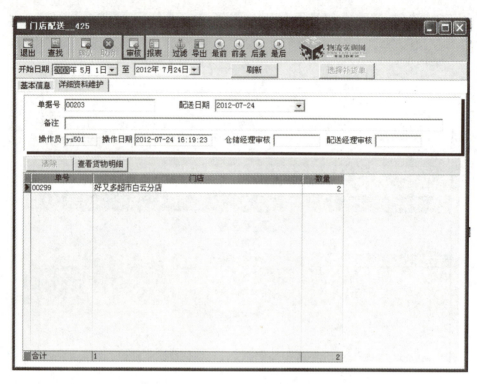

图4-25 核实门店配送信息

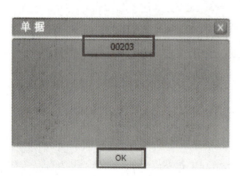

图4-26 业务单据选项窗口

（3）弹出"门店配送"，双击"单据号"，点击 修改 —— 车辆调度，如图4-27所示。

（4）弹出 车辆选择，双击其中一辆空闲车辆作为该次配送车辆（如图4-28所示）。

（5）回到 门店配送 窗口，点击 确认 —— 退出，完成车辆调度。

7. 步骤7：配送经理做出车审核

（1）切换角色："好又多超级市场配送中心——配送部——配送经理"，点击 复制定位。

（2）"配送经理"双击 特处理事项 中的 门店配送审核(1)，弹出"单据"窗口，直接选中"对应单据"后，点击"OK"。

（3）弹出 门店配送，双击"单据号"，检查其信息是否安排正确，再点击 审核，如图4-29所示。

（4）"审核"后会自动弹出提示信息，单击 OK —— 退出，完成出车审核。

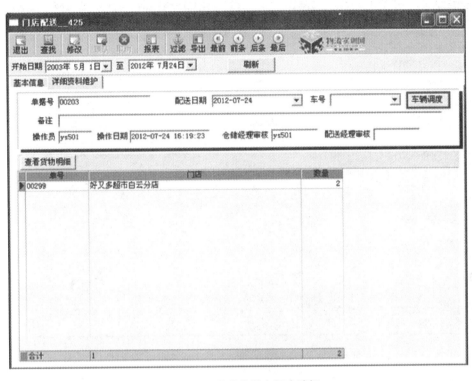

图 4－27　配送前的车辆申请框

车辆选择

车号	车辆状态	载重量(吨)	体积(立方)	车长(米)	车宽(米)	车高(米)
H-YA1	空闲	0.5	9.248	3.2	1.7	1.7
H-YA4	空闲	1	16.56	4.6	2	1.8
H-YA5	空闲	1	16.56	4.6	2	1.8
H-YA6	空闲	1	18.45	5	2.05	1.8
H-YA7	空闲	2	0	3	3	0
H-YA8	空闲	2	0	0	0	0
H-YA3	空闲	1	0	0	0	0
H-YA2	空闲	0.5	0	0	0	0

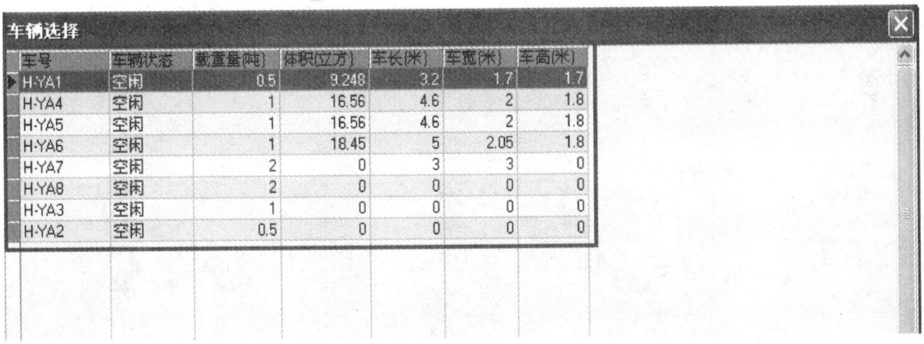

图 4－28　各车辆的配送业务安排表

8. 步骤 8：配送员配送

(1) 切换角色："好又多超级市场配送中心——配送部——配送员"，点击回到岗位。

(2) "配送员"双击 待处理事项 中的 **门店配送场景(1)**，弹出"单据"窗口，直接选中"对应单据"后，点击"OK"。弹出"补货送货单"，查看其内容，然后点击 确认 ，如图 4－30 所示。

(3) 根据弹出提示信息，点击 确定 ，如图 4－31 所示。

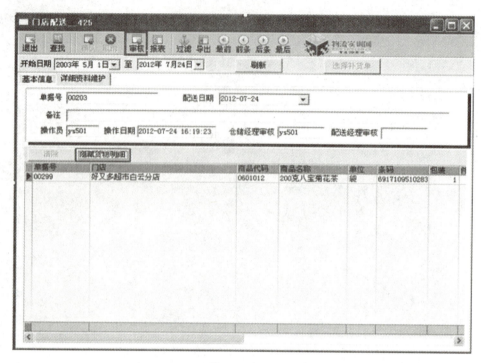

图 4-29　核实配送过程中车辆的安排是否合理

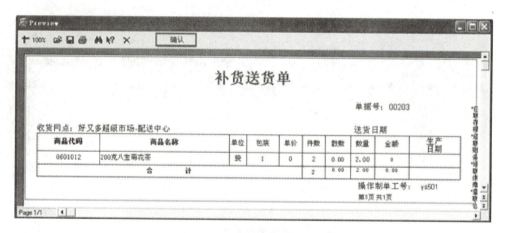

图 4-30　补货送货单的信息框

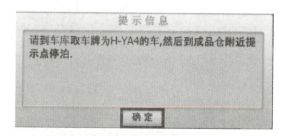

图 4-31　信息提示框

(4)"配送员"走出办公楼大门,到达停车场,在车辆停放处找到系统指定车辆(图4-32所示)。

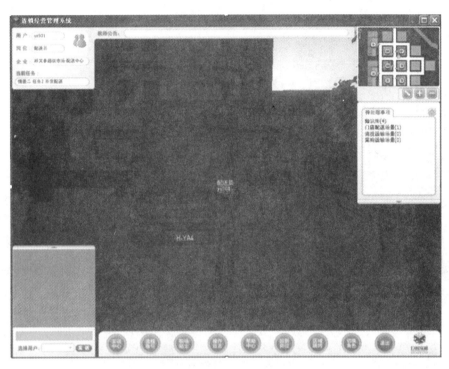

图4-32 配送员根据提示信息到达车辆指定位置

(5)当行走至靠近车辆,显示"红色字-五吨货车"时,Ctrl+鼠标左键弹出菜单,点击 上车 ,如图4-33所示。

图4-33 货车的各功能选项

(6)上车后并将车开出停车场,到装卸点按照指示点方位停好车辆(如图4-34所示)。

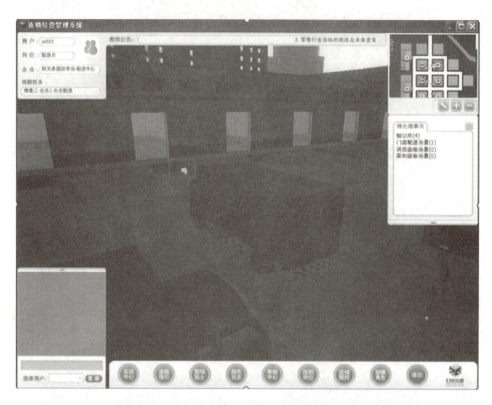

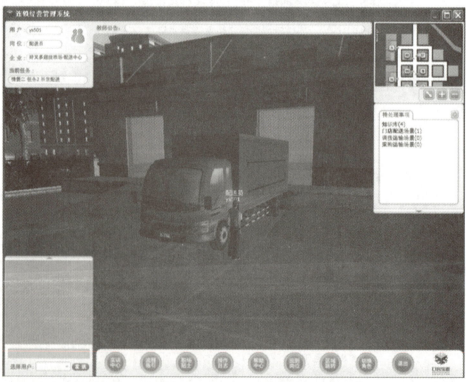

图 4-34 装货的车辆停放

(7) 停好后,会弹出提示信息,点击 确定 ,如图 4－35 所示。

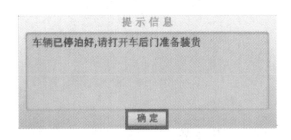

图 4－35　信息提示框

(8) 走到车后门,按"Ctrl＋鼠标左键"点击车辆弹出菜单;点击 开后门 。

(9) 弹出提示信息 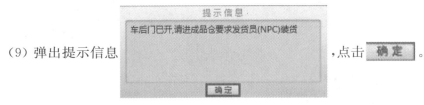 ,点击 确定 。

(10) 走到发货员(NPC)旁,按"Ctrl＋鼠标左键"点击发货员弹出菜单,点击 装货 ,系统会自动安排 NPC 装货,如图 4－36 所示。

图 4－36　交接发货员的功能选项窗

(11) 装好货后,弹出提示信息  ,点击 确定 。

(12) 配送员走到车后门,按"Ctrl＋鼠标左键"点击车辆弹出菜单,点击 关后门 ,如图 4－37 所示。

图 4-37　装完货后配送员关车厢门

（13）走到车辆驾驶室旁，按"Ctrl+鼠标左键"点击车辆弹出菜单，点击  。

（14）上车后，点击 ，可搜索要到达的位置（如图 4-38 所示），双击要到达门店的装卸货点。

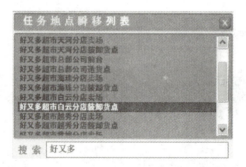

图 4-38　各区域门店或场所位置瞬移通道

（15）到达送货点后，把车开向按箭头提示的停放位置方向，停放好货车，同时系统会弹出提示信息（如图 4-39 所示）。

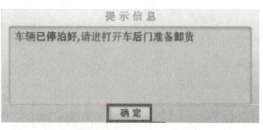

图 4-39　货车停放位置提示

(16) 走到车后门,按"Ctrl+鼠标左键"点击车辆弹出菜单,点击 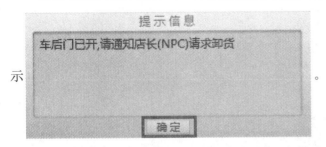,弹出提示

。

(17) "配送员"走到"配送门店店长"旁(店长在办公室),按"Ctrl+鼠标左键"点击店长(NPC)弹出菜单,点击 ,系统会自动安排NPC卸货。

(18) 卸货完成后,将弹出提示信息 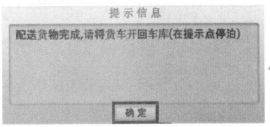。

(19) "配送员"走到车后门按"Ctrl+鼠标左键"点击车辆弹出菜单,点击 。

(20) "配送员"走到车辆驾驶室旁,按"Ctrl+鼠标左键"点击车辆弹出菜单,点击 。

(21) 点击 ,可搜索要到达的位置(如图4-40所示),双击要到达门店的装卸货点。

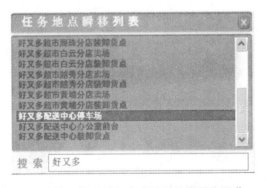

图4-40 各区域门店或场所位置瞬移通道

(22) 将车辆回到停车场后,按提示箭头位置方向停好,如图4-41所示,弹出提示信息。

图 4-41 配送中心停车场位置

点击 **确定**,该任务结束。

图书在版编目(CIP)数据

3D 物流管理模拟实训教程/戴敏华编著. —上海:复旦大学出版社,2015.9(2019.1 重印)
(复旦卓越·21 世纪管理学系列)
ISBN 978-7-309-11472-0

Ⅰ.3… Ⅱ.戴… Ⅲ.物流-管理信息系统-高等学校-教材 Ⅳ.F252-39

中国版本图书馆 CIP 数据核字(2015)第 106563 号

3D 物流管理模拟实训教程
戴敏华 编著
责任编辑/岑品杰

复旦大学出版社有限公司出版发行
上海市国权路 579 号 邮编:200433
网址:fupnet@fudanpress.com http://www.fudanpress.com
门市零售:86-21-65642857 团体订购:86-21-65118853
外埠邮购:86-21-65109143 出版部电话:86-21-65642845
大丰市科星印刷有限责任公司

开本 787×1092 1/16 印张 10.25 字数 191 千
2019 年 1 月第 1 版第 4 次印刷

ISBN 978-7-309-11472-0/F·2148
定价:26.00 元

如有印装质量问题,请向复旦大学出版社有限公司出版部调换。
版权所有 侵权必究